U0639045

美国汉学家与
中华文化的海外传播

American Sinologists
and the Overseas Transmission of Chinese Culture

主　编　田　耀
副主编　王　蓓　魏红坤　王　佳　王　楠

天津出版传媒集团

天津人民出版社

图书在版编目（CIP）数据

美国汉学家与中华文化的海外传播 / 田耀主编；王蓓等副主编. -- 天津 ：天津人民出版社，2025. 1.

ISBN 978-7-201-20729-2

Ⅰ. K207.8-53；G125-53

中国国家版本馆 CIP 数据核字第 2024PC9024 号

美国汉学家与中华文化的海外传播
MEIGUO HANXUEJIA YU ZHONGHUA WENHUA DE HAIWAI CHUANBO

出　　版	天津人民出版社	
出 版 人	刘锦泉	
地　　址	天津市和平区西康路35号康岳大厦	
邮政编码	300051	
邮购电话	(022)23332469	
电子信箱	reader@tjrmcbs.com	

责任编辑	王佳欢
封面设计	汤　磊

印　　刷	天津新华印务有限公司
经　　销	新华书店
开　　本	710毫米×1000毫米　1/16
印　　张	16.75
插　　页	2
字　　数	200千字
版次印次	2025年1月第1版　2025年1月第1次印刷
定　　价	88.00元

版权所有　侵权必究

图书如出现印装质量问题，请致电联系调换（022-23332469）

参编人员 (以姓氏笔画为序)

王　珊　王　烨　支雨维　田浩良　田增润　付占超

李　洋　李明雪　肖迅韬　何润涵　张　肖　张小娟

张玉新　张永凯　娄潆月　祝国强　贺珊珊　郭　静

黄园园　蒋　豪　靳春莹　解玲玲

前　言

　　汉学是具有交叉性的综合学科,跨越古今、中西、文史,甚至人文与社会科学诸多领域。欧洲、日本和美国是国际汉学研究的三大重镇,随着20世纪欧洲汉学的日渐中衰,美国成为汉学研究的大本营,无论研究机构、专家队伍、学术成果、研究生培养还是资金投入都走在世界前列。国内对汉学的关注比较晚,研究还不太成熟,有很多值得探索的领域。比如,美国汉学家与中国学者的交流互动,二者关注的对象,学术思路上的取长补短,还有汉学的演变与美国本土学术发展的关系等,这些都具有重要的学术价值和意义。党的二十大报告强调要坚定文化自信,习近平总书记曾多次阐明各国文化各具特色,应该彼此尊重、相互借鉴。在此思想指导下,本书试图勾勒出美国从传教士汉学到学院汉学的学术发展轨迹,透视美国汉学家向海外传播中国文化的基本脉络,增强我国的文化自信和民族自信。

　　本书对美国汉学家在中国哲学、文学、艺术、外交和历史等方面的研究进行了专门分析。每篇文章从美国汉学家的个人经历、学术贡献、主要特色等不同方面阐释其独特的学术思想及其对中国文化海外传播的积极作用。自明清起,欧洲来华传教士向西方描述了中国的旖旎风情。鸦片战争之后,大批欧洲和美国传教士、知识分子来华考察中国历史和社会现状，并据此著书、发行印刷物研究中国。这不仅有助于传教和商旅贸易，还客观上将中国悠久的文化传播到西方国家。例如，裨治文在中国主编英文刊物《中国丛报》，向海外介绍中国；卫三畏著有《中国总论》一书，全面介绍了中国历史文化和晚清社会；丁韪良在《花甲记忆》中介绍了中国风土人情、民风民俗。新中国成立后，美国汉学异军突起，不同学科领域的汉学家使用众多理论、采用新颖独到的方法全面研究中国历史和现实，促进了中美文化交流。例如，汉学家费正清把传统汉学与中国国情和世界形势结合起来，开创了中国学研究；芮沃寿致力于中国佛教史、中国儒家思想和中国隋唐史的研究，与费正清共同创立并发展了二战后美国的汉学研究；魏斐德是美国汉学研究第二代学者，促使美国汉学研究从"西方中心论"转向"中国中心论"等。

　　本书为2018年天津市哲学社会科学规划一般项目"美国汉学家及中国文化海外传播"的研究成果，其中关于每一位汉学家的论述都是独立成章、自成一体的论文。在撰写过程中，本书在兼顾宏观背景的前提下，着重于从微观层面详细分析每位汉学家的学术思想、主要学术贡献及其对中美文化交流的积极作用。每篇文章对汉学家的描述和讨论，取决于每位汉学家在各个不同历史时期的主要学术思想、贡献及所发挥的作用，以期在不长的篇幅里揭示美国汉学的丰富性、多样性、鲜明性和复杂性。毋庸置疑，美国汉学家的学术思想对我国学者具有借鉴价值和意义，有助于增强民族自豪感和文化自信，了解中国文化海外传播的历史轨迹，从海外视角探究中国文化的魅力。但是美国学者的研究也有其弊端，例如有些早期传教士以传教为目的，在基督教思想的观照下分析、解读甚至误读中国传统文化，还有些学者在"西方中心论"的框架下评述中国文化等，这可能歪曲中国文化在美国的形象，阻碍中美文化交流。因此，我们应该关注、研究美国汉学成果，发现其优势，弥补其不足，纠正其谬误，维护中国文化传统，促进中美文化交流。

综观国内学界，目前还没有全面、详细介绍美国汉学家的研究作品，鲜有作品论述美国汉学的历史进程和研究动态，本书试图抛砖引玉，在这方面作一尝试，期盼国内学界前辈和朋友不吝指正，便于今后修正完善。

田　耀

2023 年 8 月

目 录
CONTENTS

裨治文：美国首位来华传教士

　　1829年，神职人员裨志文在美国海外传教组织的资助下抵达中国广州，开启了其在华传教的生涯。抵达中国后，裨治文潜心学习中文，研究中国文化，在传教、办学、创刊、著书的过程中逐步深入了解中国社会，成为一名"中国通"。传教之余，他不忘使命，对中美文化交流做出了杰出贡献。

一、裨治文简介

　　1801年，裨治文（Elijah Coleman Bridgman, 1801—1861年）出生于美国马萨诸塞州贝尔彻城的一个农民家庭。他的母亲是一名虔诚的基督教徒。从小受家庭宗教氛围影响，裨治文11岁皈依基督教。青少年时代，裨治文大部分时间在家帮助父亲打理农活，通过自学获得大部分知识。22岁时，裨治文进入阿美士德大学学习。1826年毕业后，他进入安多佛神学院深造。马礼逊是西方派到中国大陆的第一位基督教新教传教士，他曾多次向美国主要海外传教组织之一——"美国公理会差会"（简称"美部会"，American Board of Commissioners for Foreign Missions）申请派遣一名神职人员到中国传教。1829年9月,裨治文成为最合适的人选。成为牧师后不久,"美部会"派遣裨治文前往中国广州。从此,裨治文开始了长达三十年的在华传教生涯。1861年,他病逝于上海。

二、裨治文的在华活动

(一)传教与办学,推动中国近代教育与医学

由于清政府的限教政策,裨治文等新教传教士曾在广州隐居。他们强烈地感受到中国人看不起外国人的心态。有的传教士曾说道,尽管我们和他们(指中国人)有长期的交往,他们仍公然表示中国高于其他国家而位居世界第一,并视其他民族为"蛮夷"。中国人的这种认知影响了旅居广州的外国人的利益,妨碍了其与中国人的交往。[1]

为了从观念上改变中国人,1834年11月,裨治文等人发起并创办了"在华实用知识传播会"(简称"益智会",Society for the Diffusion of Useful Knowledge in China)。该会在中国的主要活动包含出版宣扬西方思想文化和科学知识的书刊,旨在将西方近代科学文明作为基督教文明的一部分介绍给中国人。该会曾出版了裨治文的《美理哥合省国志略》(*Brief Geographical History of the United States of America*)、《广州方言中文文选》(*Chinese Chrestomathy in the Canton Dialect*),以及后期的《东西洋考每月统记传》(*Eastern Western Monthly Magazine*)等专著。

裨治文等传教士还通过办教育传播福音。来华后不久,裨治文就邀请中国学生到自己家中学习,并向中国学生传教。为了纪念马礼逊(1834年8月1日去世),他和一些新教传教士及英美商人倡议并成立了"马礼逊教育会"。马礼逊教育会成立后,裨治文向西方一些教育机构呼吁派遣更多年轻教师来华。1839年2月,耶鲁大学毕业生萨缪尔·布朗偕夫人到达澳门,并且

在裨治文等人的指导下创办了马礼逊学校。裨治文经常和布朗一起利用教学活动传播基督教,而马礼逊学校也确实让一部分中国人对西方人的观念有所转变,促进了基督教在中国的传播。

此外,裨治文还和早期来华的其他新教传教士充分利用西方医学的优势,发起组织了另外一个重要团体——中国医药传道会。他认为开展医务活动有利于传教,所以他极力建议"美部会"派遣受过医学训练的人来广州建立一家传教士诊所。于是,伯驾医生来到中国,和裨治文于1835年11月4日共同参与创建了广州眼科医院,此举标志着以行医治病为主要手段的"医药传教"方法的正式确立。[2]裨治文、伯驾等人创办的广州眼科医院,成为中国近代最早的西方医学院之一。毋庸置疑,中国近代医院之发展,与中国医药传道会不无关系。

(二)主编《中国丛报》,宣传中华文明

在裨治文来华之前,美国商人和外交官们写过少许关于中国的报道。但是他们在中国生活时间短,也不懂汉语,所以他们对中国只有相当肤浅和片面的认识。[3]"美部会"在给裨治文的指示中有这样一个要点:"在你的工作和环境允许的情况下,向我们汇报这个民族的性格、习俗、礼仪——特别是他们的宗教对如何影响这些方面。"[4]

裨治文来华后,更加深切地感受到西方人对中国认识的欠缺。他认为中西之间的交流基本上还停留在物质层面,思想道德层面的交流少之又少。于是他萌生了创办《中国丛报》(*The Chinese Repository*)这样一份英文刊物的想法,希望借助该报对中国进行全面报道和研究,提供更新和不带任何偏见的信息。他的想法也得到了马礼逊和美国商人奥利芬的支持。在大家的共同努力下,刊物于1832年5月面世,此后每月一期,在1851年底停刊前共刊出232期、1514篇文章,其中90%都与中国有关。文章类型大致分为中国国

情、中外关系、外国介绍和宗教四大类,对中国的政治、经济、文化、宗教和社会生活等方面的内容进行了详细报道和深入研究。作为《中国丛报》的主编,裨治文在创刊号上发表署名文章,指出《中国丛报》出版的宗旨是:"认识中国,了解中国,向海外报道中国各方面情况及其所发生的变化,以及变化给中国带来的影响。"[5]从封建最高统治者的皇帝到地方的各级官吏,从统治阶级的法典到秘密社会的教规,从孔孟之道、儒家学术到三字经、百家姓、千字文及下层社会流行的歇后语,从古典名著到民间传说,《中国丛报》都作了大量的报道和评论,有助于西方世界,特别是对中华文化颇感兴趣的欧美人士认识中国、了解中国,起到"开文学之路,除两地之坑堑"的作用。[6]

由于《中国丛报》的创办人是西方文明的代表,他们的思想无不代表欧美资产阶级的利益。[7]事实上,《中国丛报》在提高外国人促进对华贸易发展方面,起了显著的推动作用。当然,无论创办者的动机如何,《中国丛报》总是自觉或不自觉地为传播中华历史文化和促进国外汉学研究起了重要作用。

(三)创作《美理哥合省国志略》,传播西方文明

为了更广泛地向中国人传播西方文明、打破中国人的封闭心理,裨治文首先用中文写成了《美理哥合省国志略》一书。该书初版于1838年,署名为高理文(裨治文的别名),在新加坡出版,全书共二十七卷,分为两个部分。第一部分叙述美国大略,第二部分则叙述美国社会经济和人文地理。虽是一部史地书,裨治文却花了大量篇幅介绍美国的政治制度之完备、礼乐教化之文明和商业活动之繁盛。其目的显然是证明美国并非一个可以"存而不论"的化外之邦,而是一个在先进西方基督教文明熏陶下成长起来的繁荣、富庶而强大的国度。此外,该书给正在寻求自强御侮之策的近代知识分子多方面的启迪,魏源就是受到该书启发的众多中国知识分子之一。魏源的

《海国图志》中有关美国的大部分内容即来源于此。美国在独立战争中战胜英国引起了魏源极大的兴趣。魏源写作该书时鸦片战争刚刚结束,对于痛感战败耻辱的魏源来说,美国独立战争的胜利无疑是值得称颂的。[8]

其实,《美理哥合省国志略》一书备受中国知识界推崇。王韬称该书"自创国至今,原本具备,于一邦之制度事实,有所考证,中国史册所必采也"[9]。梁启超把它列为了解西方史地的必读书。该书中关于西方文明新知识的传播增加了中国知识分子的地理和科学知识,开阔了他们的眼界。他们改变了"天朝上国"的理念,以一种新的世界观念来看待和观察这个世界。

三、裨治文在华的主要贡献

(一)充当译员和助手,促成中美谈判

西方商人来华的主要目的是追求经济利益,所以他们对中国语言和文化的研究甚少。在当时来华的美国商人中,几乎无一人能说或写中文,甚至在华英商中也仅一人粗通中文。因此,外国使节、军队甚至商人只能通过对中文和中国社会深入了解的传教士进行合作。

据史料记载,裨治文来华后参与的对华交涉主要包括:①1839年6月15日,应林则徐之邀,裨治文与美商金查理等十人参观了虎门销烟全过程,代金查理向林则徐提出了一些经商甚至外交方面的要求。②1842年4月,鸦片战争爆发后,美国政府派遣海军少将加尼率领东印度舰队到达广州。截至1843年4月他离华前的一年时间里,熟悉中国事务的裨治文被聘为加尼的翻译和助手,帮助加尼与广州总督谈判。[10]③1844年2月顾盛使团来华,裨治文受聘担任使团的秘书和翻译。在此期间,裨治文和伯驾一起起草和翻译文件,并跟随顾盛使团与清政府使团进行谈判,促使签订了中美《望厦条约》。④《天津条约》签订时,裨治文在翻译文件和协助条约签订中仍然发挥

了积极作用。《天津条约》签订后,传教士最终获得深入中国内地活动的特权。作为少数熟悉中国语言和文化的在华西方人,裨治文等被委以重任,积极推动了当时的中美谈判和中美关系的发展。

(二)开启美国汉学研究之先河

作为美国早期汉学家之一,裨治文对美国早期汉学研究产生了重要影响。《中国丛报》中的大量关于中国问题的报道和研究,是西方世界研究中国的主要来源。早期欧洲汉学研究主要关注中国历史、文学和语言等,而裨治文等人一开始就注重研究中国政治、经济和社会等现实问题,并且结合美国自身利益进行考察,这就开启了美国汉学研究中注重现实之先河。当代著名美国汉学家费正清强调,"美国的东方学从一开始就拥有一种与众不同的使命感。"[11]

(三)搭建中美文化交流之桥梁

《中国丛报》成为当时西方人观察和了解中国的最权威、最详细的外文报刊,在促进中西文化交流中发挥了重要作用。正如费正清所言:"作为裨治文等新教传教士创办的早期研究中国的刊物,《中国丛报》与《圣经》译本在世界范围内的影响同样久远,在文化交汇中起了关键作用。"[12]此外,裨治文的著作《美理哥合省国志略》向中国人介绍了美国社会概况和西方文明,打破了两国之间的隔绝状态,加深了中美两国之间的理解,促进了中美两国之间的交流。

(四)启迪中国知识分子"睁开眼看世界"之思潮

裨治文所宣扬的西方文明,冲击和威胁了中国传统文化和传统秩序,促使林则徐、魏源等中国先进知识分子不再沉溺于"天朝上国"的美梦里,而是以更现实的眼光来观察世界。"睁眼看世界"和"西学东渐"成为中国早期近代史上的主旋律。

四、结语

作为首位来华传教士，裨治文奠定了美国汉学研究的基础，搭建了中美之间文化交流的桥梁，引发了近代知识分子向西方学习的潮流。虽然他的一系列活动的主要目的是传教，但确实无形中推动了中国近代教育和医疗的发展。他主编了《中国丛报》，开启了美国汉学研究的先河。他还首次用汉语撰写了美国历史书籍《美理哥合省国志略》，启迪中国知识分子反思传统、"西学东渐"。此外，他在美国与中国清政府签订的第一个条约——《望厦条约》中起了重要作用。裨治文的历史贡献对我们有重要的启示意义：在文化交流中，既要正确对待文化多样性，也要从现实出发，客观审视中国传统文化，增强文化自信。我们要尊崇传统文化、思想体系中的精华部分，还要做到兼收并蓄、推陈出新，使中国文化基因有长足的生命力，推动中国文化走向世界。

参考文献

［1］William Lockhar, *the Medical Missionary in China, a Narrative of Twenty Years' Experience*, London Hurst and Blackett, 1861, p.122.

［2］Bridgman, E. Coleman, Williams, Samuel Well, Chinese Repository, 1836, Vol.5, p.159.

［3］Bridgman, E. Coleman, Williams, Samuel Well, Chinese Repository, 1837, Vol.6, p.335.

［4］Fairbank, J.King, Assignment for the "70"s, *The American Historical Review*, 1969, No.3, pp.865-86.

［5］Fairbank, J.King, Assignment for the "70"s , *The American Historical Review*, 1969, No.3, pp.865-86.

［6］仇华飞:《裨治文与〈中国丛报〉》,《历史档案》,2006年第3期。

［7］仇华飞:《裨治文与〈中国丛报〉》,《历史档案》,2006年第3期。

［8］张施娟:《裨治文与他的〈美理哥合省国志略〉》,浙江大学2004年博士毕业论文。

［9］张施娟:《裨治文在华政治活动述论》,《西安电子科技大学学报》(社会科学版),2005年第3期。

［10］王立新:《美国传教士与鸦片战争后的"开眼看世界"思潮》,《美国研究》,1997年第2期。

［11］顾钧:《〈裨治文:美国最早的汉学家〉书评》,《中国图书商报》,2008年12月2日。

［12］Bridgman, E.Coleman, Williams, Samuel Wells, Chinese Repository, 1832, Vol.1, pp.1-5.

卫三畏：美国汉学第一人

美国传教士卫三畏是19世纪初期来华的众多传教士之一。作为一名传教士、翻译官和外交官，卫三畏是近代中美关系史上的重要人物之一，也是美国第一位汉学教授和早期汉学研究的先驱者之一。他编写的《中国总论》（*The Middle Kingdom*）是美国汉学的里程碑。

一、卫三畏简介

1812年9月22日，卫三畏（Samuel Wells Williams，1812—1884年）出生在纽约州的伊萨卡。1833年7月，"美部会"派遣他前往广州，从此开始了他在中国长达四十多年的工作生涯。1853年和1854年，他两次随美国舰队前往日本并担任翻译工作。1856年，他辞去了"美部会"的传教士职务，开始在美国驻华使团任职。1858年，卫三畏在中美《天津条约》的"宽容条款"的签订中起了至关重要的作用。随后，他于1862年携家眷来到北京居住。1862年至1877年期间，卫三畏曾经七次代理驻华公使的职务。1877年辞职回美国之后，卫三畏又被耶鲁大学聘为该校的第一位中文教授。在卫三畏的旅华经历中,虽然他后期主要致力于外交活动,但他始终忠诚于自己曾经倾注了二十四年心血的宗教事业,所以其外交生涯深受宗教情怀的影响。他晚年回忆道:"一个念头刺激了我一生从事这一工作,这种希望是:发展传教事业。这项事业的成功蕴藏着对作为一个民族的中国的在道德和政治方面的拯救。"[1]由此可见,在华从事传教和外交活动的过程中,卫三畏至少从主观上具有开化中国人的良好意愿。鉴于此,他在演讲和著作中努力展示中国国民性较好的方面,认为"中华民族的野蛮时代已经一去不复返"。在这一愿望的驱使下,他为中美文化的交流做出了卓越贡献。可以说,卫三畏是美国第一位集外交官、传教士和学者于一身的汉学教授,他对美国早期对华政策和中美文化交流都做出了杰出贡献,所以"影响美国外交深远的,应推卫三畏"[2]。

二、卫三畏与近代早期的中美文化交流

(一)编纂字典和介绍中国文化

卫三畏长期生活在中国,所以他在总体上对中国社会有深入的了解。1846年,他加入美国东方学会(American Oriental Society),先后出版了十多部关于中国的书籍和字典,内容涉及中国政治、经济、历史、文学、文字等学科。其中《英华分韵撮要》(*Tonic Dictionary of the Chinese Language of Canton Dialect*, 1856)一书收录了7850个汉字,这些汉字注重实用性,便于使用。他晚年编的《汉英拼音词典》(又名《汉英韵府》,*A Syllable Dictionary of the Chinese Language*, 1874)一度是美国来华外交人士必备的工具书之一。1854年,他去宁波时,曾翻译了中国古代小说《列国志》,包括330个故事,编写成了《中国历史》。1877年,他被耶鲁大学聘为该校第一位中国语言与文学教授,也是美国史上第一个汉学教授。他经常举办关于中国问题的讲座,撰写了

《我们同中华帝国的关系》(*Our Relations with Chinese Empire*)等书。这些经历奠定了他构思和完成《中国总论》这本他一生中最具影响力著作的坚实基础。

(二)参与《中国丛报》

《中国丛报》是在华西方人讨论中国的媒介之一，也是西方人了解中国的重要刊物之一。该刊物是发表西方人研究中国的学术文章的主要园地，被称为"关于中国情报的矿藏"和"在华商人及传教士的喉舌"。[3]西方人可以从该报刊了解清政府对鸦片贸易的态度和鸦片战争的进程，其中有些文章还被西方一些有影响的教会刊物和普通报刊转载。1833年，卫三畏抵达广州时，《中国丛报》已经出版至第二卷第六期，之前全由裨治文负责。卫三畏来华后，他开始负责全部印刷与发行事务，并协助裨治文的编辑工作。据卫三畏的目录统计，《中国丛报》中刊发文章的总篇数为1514篇，其中卫三畏的文章多达114篇，仅次于裨治文，其贡献并不亚于裨治文。《中国丛报》为后人研究鸦片战争前后二十年的中国历史、中国近代史开端和早期中外关系史提供了大量第一手资料，弥补了档案的不足。

(三)巡回演讲和介绍中国

回美后，卫三畏经常举办一些关于中国问题的讲座。美国首任来华代表顾盛在访问广州之前对中国的了解就得益于卫三畏在美国所作的巡回演讲。顾盛曾写信赞扬卫三畏的行动，肯定了他这项工作的价值。[4]美国国内学者曾这样评价卫三畏对中国文化的研究和介绍："您对中国人的性格和习惯的熟悉，对该民族及其政府的愿望和需求的了解，对汉语的精通和对发展基督教和文明事业的贡献是您感到自豪的充分理由。您的中文字典和有关中国的诸多著作奠定了你在科学和文学领域内的崇高地位。"[5]《传教士先驱报》曾作过详细调查,结果表明:每当这些传教士回到美国,并在国内各城市成功地巡回演讲后,支持到中国传教并捐款捐物的人数就会不断增加。因此,传教士不仅向中国人传播了西方文化,还把中国文化、各种风俗习惯及中国人的排斥情绪等传播给了美国人民和政府。

(四)创作《中国总论》

《中国总论》是一部全面介绍中国历史文化和晚清社会的百科全书。该书涉及了中国历史地理、风土人情、政治经济和文学艺术等,是当时美国关于中国最早的、最具权威性的百科全书式著作,可谓开创了把中国作为一个整体进行综合研究的先例。该书使美国人对大洋彼岸的文明古国有了更全面和深入的认识,意味着美国人能够较为独立地观察和研究中国了,从某种程度上改变了西方人对中国的印象。

当时,许多西方人认为,"似乎他们(中国人)是欧洲人的模仿者,而他们的社会状况、艺术和政府不过是基督教世界同一事物的滑稽表演",中国人"自负、无知、几乎不可救药"。对此,卫三畏希望通过《中国总论》"传播有关中国的更客观的知识,为中国人民及其文明洗刷掉那些经常被误解的独特的和几乎无可名状的可笑的印象"。[6]卫三畏对中国政府及其行为准则、文学和科举考试、社会、实业、宗教状况等进行了客观公正的描述。他指出了当时中国社会的种种落后和愚昧,尽可能客观地评价了中华文明的成就和不足之处。

《中国总论》出版后受到了读者欢迎,曾经多次印刷,在三十多年的时间里一直保持了数量不多却也算平稳的销量。该书既包括从1833年至1876年卫三畏在华四十三年的经历和观感,又广泛吸收了当时西方有关中国的最新汉学研究成果,反映了当时西人对中国的基本看法。该书分上下两卷,共二十三章,对中国的自然地理、行政区划、人口民族、各地物产、法律政府、语言文字、历史文化、衣食住行、社会生活、工艺美术、科学技术、对外交往等诸多方面作了系统的论述。不难看出,《中国总论》几乎涵盖了中国社会与文化的所有重要方面。虽然该书有些观点与事实有出入,甚至有些观点有误,但在当时仍具有较广泛的影响力,曾被美国许多大学采用为中国史课本,使用时间长达一个世纪。自此,卫三畏"确立了他作为中国问题权威的地位"[7]。《中国总论》是卫三畏中国观的集中体现,书中的观点基本代表了19世纪美国来华传教士对中国的审视与观察和美国传教士的中国观。它在很多方面改变了西方人对中国的偏见,将中国文明摆到应有的位置。

三、结语

卫三畏编著的关于中国的一系列著作成为美国研究中国的必备工具。他参与的《中国丛报》,加深了西方人对中国的印象,为美国汉学研究奠定了基础。《中国总论》进一步打开了美国汉学研究的大门,为国外汉学研究和发展提供了可借鉴的文化资源。卫三畏对中国的认识促进了西方人更为客观地了解和认识中国,使一些先进的中国人更为冷静和理性地审视自己,对近代早期的中美文化交流产生了积极作用。

参考文献

[1][美]卫斐烈:《卫三畏生平及书信》,顾钧、江莉译,广西师范大学出版社,2004年。

[2]李定一:《中美早期外交史》,北京大学出版社,1997年,第156页。

[3]陶飞亚:《边缘的历史——基督教与近代中国》,上海古籍出版社,2005年。

[4]仇华飞:《早期中美关系研究(1784—1844)》,人民出版社,2005年,第42页。

[5][美]卫斐烈:《卫三畏生平及书信》,顾钧、江莉译,广西师范大学出版社,2004年,第281页。

[6][美]卫三畏:《中国总论》,陈俱译,陈绛校,上海古籍出版社,2005年。

[7][美]韩德:《一种特殊关系的形成》,项立岭、林勇军译,复旦大学出版社,1993年,第30页。

卢公明：中国晚清社会的记录者

卢公明是晚清时期来华众多传教士之一。传教过程十分曲折，不仅有中国社会环境造就的外在压力，还包含他们自身因素等内部障碍，在双重困境中传教局面很难取得突破。以卢公明为代表的传教士群体在宗教性及世俗性两个层面上进行的"福音事业"最终"流产"，其本人最后被迫放弃了传教工作。中西两种异质文化激烈排斥、难以调和导致了这一结果。

一、卢公明简介

卢公明（Justus Doolittle，1824—1880年）是美国汉学家和"美部会"传教士。他在华活动二十余载，参与了"美部会"在福州的创办工作，创办了格致中学、文山女中，出版了第一部系统介绍中国人社会生活的著作《中国人的社会生活》（*Social Life of the Chinese*），编撰了中英文字典《英华萃林韵府》（*Vocabulary and Hand-Book of the Chinese Language*）。可以说，卢公明是一位极具传奇色彩的美国来华传教士。

卢公明出生于美国纽约州的鲁特兰小镇的一个家境贫寒的农民家庭，

从小跟着家人过着颠沛流离的生活。他刻苦学习,不但精通英语、数学和修辞,还自学了拉丁语、希腊语、代数、几何,甚至还涉猎了一些自然科学。卢公明10岁加入教会,那时已经表现出了对宗教的虔诚,"把耶稣当作非常敬爱的人来祈祷"。他认为"季节的更替"是"圣灵的出现和天父的微笑"。[1]他积极参加教会中的教务工作,于1848年12月获得"美部会"的批准成为一名传教士,终于实现了他的传教梦想。1849年11月26日,卢公明携妻子乘坐蓝桃号来到中国,于1850年4月11日抵达香港,在香港停留了近一个半月后,又于5月21日乘船前往福州。5月31日,他们结束了从美国到中国的旅程,顺利抵达福州。

二、卢公明与福州基督教教育的发端

卢公明在福州传教十余载,是最早在福州创办教会学校的传教士之一。19世纪50年代初,卢公明夫妇创办了一所男子私塾学校和一所女子私塾学校。这两所学校后来分别发展成为格致学校和文山女中,是福州早期基督教教育发端阶段较有影响的教会学校。卢公明在基督教教育上的成就归功于四点:其一,接受过正规的教育。1842年和1846年,卢公明先后在汉密尔顿大学(Hamilton College)和奥本神学院(Auburn Theological Seminary)学习,在学校表现非常优秀。其二,在美国时,他已经具备一定的教学经验。1845年至1846年秋冬之交,他在汉密尔顿大学求学期间,曾经积极申请和参与了学校的教学工作。其三,文字功底非常深厚,擅长写作。作为19世纪美国著名的汉学家之一,他的著作《中国人的社会生活》至今还是许多美国汉学家研究19世纪中国的必备书籍之一。卢公明在福州编写、出版各种书籍多达二十五种,是"早期在福州传教士中出版书籍最多的一位"[2]。这些书籍极大地丰富了学校教材。其四,学习汉语,用汉语传教。到达福州不到半年,卢公明就掌握了汉语，学习了福州方言，这有助于他和学生之间的交流、翻译教材和用汉语开展传教工作。鉴于以上优势，他很快将注意力转向了办学，有效地推动了传教事业的发展。

教会学校在办学形式、教育内容、教学方式、教育管理等方面都有别于中国封建传统教育模式，受到了绝大多数中国士绅和民众的抵制。因此，福州基督教教育是在极其困难的情况下发展起来的。主要困难有以下三个方面。其一，当时官府极力阻挠。"直到1852年9月，他才找到一个愿意代课的老师，并在他所住的楼下开办了两所学校，其中一所大约有三十名男生，另一所不足十名女生。"[3]其二，传教士内部资金紧缺。由于资金紧缺，卢公明无论是创办学校还是维持学校正常运转方面都遇到了极大的困难。其三，生源缺乏也是制约学校规模扩大的一个主要原因。教会在办学初期，一般以小学教育为主，规模较小，招生甚难，至于女子学校更是无人问津。中国人对传教士办学普遍存有戒心，一般不愿让子女进教会学校。而到卢公明学校就读的女生数量就更是为数不多。卢公明对此感叹道："事实上，这附近街区中只有少数人愿意让自己的女孩到我们的住所来接受基督教教育。"由此，创办女校的艰辛可见一斑。

虽然卢公明在办学过程中遇到重重困难，但是他苦心经营，采用了新的管理思路，所以他所办的学校成了当时福州地区最具影响力的教会学校之一。首先，他严格管理学校。卢公明在学校的日常教育中倾注了大量时间和精力，学校具有与众不同的特色。其次，他非常注重教材建设。卢公明在创办学校时遇到的一个棘手问题是缺乏合适的学习教材。为了语言沟通的方便，学校教材必须符合福州当地孩子的实际需要才行。起初，学生主要学习《圣经》和基督教经文，但他们完全不懂外文，这些内容必须翻译成福州方言。经过不断努力，卢公明不仅把基督教经文翻译成福州方言，还把经文中的古语翻译成口语表达，这大大方便了学生们接受和理解教科书的内容。

卢公明在女子教育、中国教师聘用等方面也进行了大胆尝试。继1853年创办格致学校之后,卢公明夫妇于1854年创办文山女中。当时中国社会并无女子上学读书的风气,所以开办女校和招收女生显得极为困难。在这种艰难的情况下,他们创建了文山女中,其早期学习和寄宿地点在卢公明的住所中,后移至独立的学校楼房。卢公明太太来华前已经具有丰富的教学经验,所以她负责管理这所女校。为了学校的长远发展,他们非常重视学习其他地区教会学校成功的办学经验。1854年6月到11月,卢公明因病治疗期间,他还和妻子到当地教会学校学习办学经验,推动福州学校的发展。

三、卢公明的西学译介事业

1853年至1858年在福州的六年时间,卢公明集中从事了西学译介事业。他的译介事业与传教布道活动密不可分,突出表现为开学堂、编译西书和担任翻译差事三大方面。

卢公明的西学翻译首先与他兴办学堂密不可分,因为学堂是直接传播西学的最佳途径之一。1852年6月,卢公明接替已卸任的美国传教士摩怜的职位,担任了福州传教团的地方主管。开办学堂是传教工作的首要任务之一。1851年下半年,卢公明开始尝试兴校办学。1852年到1854年,他开办过四所学校,包括逐步发展起来的榕城格致书院(福州格致中学的前身),以及后来的文山女中(即福州八中的前身)。1868年,卢公明因病放弃了传教士的职位,其艰难办学的生涯宣告结束。

在办学的同时,卢公明不遗余力地从事传教书籍的编译与发售工作。相对于那些把西学翻译作为终身事业的美国传教士而言,卢公明的西学译介具有如下的特征。首先,不是翻译的翻译。从宏观视角看,卢公明本人就象征了翻译,他的一言一语和一举一动都是翻译的化身。卢公明在西学译介中不仅充分展示了深厚的文字功底,还通过个人关系开展多种多样的活动,将美国人的情感、思想和生活呈现给东方读者。其次,他的西学译介涵盖面广。在福州的传教生涯中,他接触了中国社会的方方面面,使他的西学译介突破了宗教这个相对狭隘的范畴。他编译出版的二十五种书籍涵盖了宗教、道德、风俗、天文、科学、经济、历史七方面内容。在那个多事之秋的福建乃至中国,这些译介具有前瞻性和时代性,显得难能可贵。最后,卢公明的西学译介与评介交融,思想深邃。从宗教视角看,卢公明的宗教译介是他作为一个传教士的神圣之作。但是他并非亦步亦趋地走向翻译西方宗教文献之路,而是在翻译中倾注了自己深思熟虑的理性要素。从道德上讲,他的西学翻译反映了鲜明而强烈的时代思想。无论是劝诫鸦片论、乡训、赌博明论,还是辩性论、辩诽谤、辩孝论,他都在西方新教基础上从多层面挖掘和剖析了中国人深层次的劣根性,针砭了晚清国人的丑陋习俗,警示了昏昏欲睡的晚清国人,唤醒了民族精英。从社会风俗的角度看,作为一个远道而来的外国人,卢公明体察了中国的风土民情。

四、卢公明对晚清社会鸦片的反对

鸦片影响了中国历史的发展,给中国社会造成了巨大危害。传教士与鸦片二字是紧密相关的,主要体现在以下两个方面:其一,部分传教士参与鸦片贸易的整个过程。为了获得传教经费及殖民者的资助和迫使中国大门对传教开放,部分传教士在当时贩卖鸦片的殖民机构服务,从事收集情报、收买间谍、充当顾问和翻译等工作。鸦片战争爆发后,他们又积极为殖民者出谋划策,其中荷兰传教士郭士立最具代表性,他用"每年2万美元的'茶钱'买通地方官僚,为怡和洋行获得钦州的鸦片贸易权铺平了道路"。为了报答郭士立帮助,怡和洋行给他的传教工作捐款,包括印刷祷告书和销售包括鸦片在内的专利药物。[4]其二,很多传教士将鸦片视为传教的一种阻力,反对鸦片贸易。他们认为,中国人对外国人不友善很大程度上源自鸦片贸易和鸦片战争,将鸦片与来华传教士等同起来,极大地阻碍了传教事业的发展。考虑到传教事业的发展,这些传教士严厉谴责鸦片贸易,强烈要求殖民者禁止鸦片贸易。

在《劝诫鸦片论》(*Of Admonishing Opium*)一书中,卢公明表达了这样一个观念:鸦片是害人之物。经过细心观察和体会,他认识到了吸食鸦片给人带来的巨大危害,认为吸鸦片会在经济、身体、精神和社会道德等方面带来不良后果。首先,卢公明认为吸食鸦片会严重损坏中国人财产和商业,造成巨大的经济损失。其次,抽鸦片会严重伤害中国人的身心健康,造成中国人"磷磷荧火照面青,手瘫脚软态伶仃"的病态。[5]卢公明知道,如果一个"鸦片鬼"不吸食鸦片的话,他就会"一身疼痛,涕泪交流,脚酸手软,头眩腹痛。行坐不遂,寝食难安,此时如将死一般。此几件还是小小之病,更有瘾的厉害者,下部遗精,大肠泻痢,无物可止"[6]。由此可见,卢公明明确地认识到鸦片的巨大危害。

卢公明不关注鸦片的传入者,只关注人们对鸦片的态度。他认为信从耶稣者不会去贩卖、吸食鸦片。这说明卢公明幻想以信仰的力量克制人的欲望,用道理教化人们同恶习斗争。他自信地认为自己劝诫鸦片是外国人对中国人的恩惠,甚至是一种拯救行为。他这种带有理想色彩的说教式戒烟在实践中有一定困难,因为他没有亲自实践,更多的是来自他的感受和见闻,所以人们并不相信他的精神戒烟法。卢公明《劝诫鸦片论》的核心是通过劝说中国人以信奉耶稣的方式在精神上抵制、戒除鸦片。他从传教视角出发,最终在理论上归宿于抑欲而止行,这样的说教是软弱而没有说服力的。

五、结语

通过卢公明在华的活动轨迹，我们不难发现，他身上散发着当时外国传教士特有的气息。他出生和成长于美国，从一个懵懂少年逐渐成长为一位正统的传教士。他受过正规大学和神学院的教育，有较高的文化素质和虔诚的宗教认同。在美国"福音奋兴运动"和"第二次宗教大觉醒"浪潮的推动下，他开始了海外传教这一"上帝的事业"，从此与中国结下了不解之缘。

参考文献

[1] Doolittle, Justus, *The Diary of Justus Doolittle*, Burke Library, Hamilton College, pp.102–104.

[2] 熊月之：《西学东渐与晚清社会》，上海人民出版社，1994年，第161页。

[3] Doolittle, Justus, *The Diary of Justus Doolittle*, Burke Library, Hamilton College, p.105.

[4] [美]马丁·布思：《鸦片史》，任华梨译，海南出版社，1999年，第142~143页。

[5] 徐凤文、王昆江：《中国陋习》，天津人民出版社，2001年，第153页。

[6] [美]卢公明：《劝诫鸦片论》，美国哈佛大学燕京图书馆缩微胶片。

丁韪良：晚清最懂中国的外国人

　　丁韪良是19世纪下半叶至20世纪初在华最重要的新教长老会传教士之一。丁韪良不仅是一名传教士、教育家、外交官、翻译官，他还有一名杰出的汉学家。他对中国语言、文学、古代传统文化、古代文明和中国历史等都有深入的研究，在向西方介绍和研究中国方面做出了杰出的贡献，可以说是名副其实的"中国通"。

一、丁韪良简介

　　丁韪良（W. A. P. Martin, 1827—1916年）出生于美国印第安纳州的一个牧师家庭，父亲及兄弟皆为牧师。1850年，丁韪良来华传教，1916年他在北京病逝，他在中国活动达六十余年。他先后在宁波、上海和北京等地传教，创办教会学校，还曾长期担任京师同文馆、京师大学堂等学校的总教习。他著书立学，介绍西方的科学与文化，促进了西学东渐。此外，他还把中国思想和生活习俗介绍到了西方，打破了西方对近代中国的偏见。

二、翻译《万国公法》,传播西方法学

1840 年鸦片战争之后,西方的坚船利炮打开了中国封闭的大门。晚清中国在战争中逐渐卷入了以欧美为中心的资本主义世界体系。经过数十年的中西交往与文化交流,中国逐渐产生了主动加入世界体系的愿望。这就需要了解和熟知国际社会成员之间业已形成的一套规范制度。在此背景下,中国首部国际法著作《万国公法》应运而生,该书以西方《国际法原理》(*Elements of International Law*)为蓝本翻译而来。该著作在晚清政府的对外关系、文化教育、学术思想等方面发挥了重要作用,是影响近代中国发展的知名外文翻译著作之一,促进了中国文化传播与中西文化交流。[1]

《万国公法》当时能够中国翻译和出版得益于丁韪良。在来华之前及在华期间,丁韪良阅读了大量关于中国明朝的典籍,他尤其敬佩意大利人利玛窦,称赞他游历中国时的作为,并且经常将自己比作利玛窦,以他为榜样来鼓舞自己。[2]在华的大约前十年里,丁韪良主要在浙江宁波度过。这期间,他曾多次担任美国政府与清政府的外交翻译,先后参与了 1858 年中美《天津条约》谈判和英法联军与清政府就大沽口军事冲突外交谈判等政治活动。1860 年前后,这些外事活动促使他对国际法逐渐产生了浓厚的兴趣。此外,他发现中国缺少国际交流方面的资料,于是他开始考虑向中国介绍西方的国际法。经过认真挑选和对比,他最终决定翻译美国人惠顿的《国际法原理》一书,认为该书"更现代和权威"。[3]他认为翻译该书会对中美两国和个人生活道路产生一定的影响。《万国公法》打通了中西文化壁垒,向封建时期的中国传播了近代西方先进的社会科学和自然科学知识,开启了晚清部分民众的心智。一些先进的法律文化理念传播到了中国,影响了一批具有较高中西文化素养的清朝官员。

三、改革京师同文馆,引进西方教育理念

京师同文馆是中国近代史上清政府创办的第一所新式学堂,首先引入西方语言及自然科学。京师同文馆在教育思想、教学内容和教学方法等方面,都极大地突破了传统教育的藩篱,顺应了中国教育近代化的潮流,是中国教育近代化的开端。丁韪良对京师同文馆的发展起了至关重要的作用。

丁韪良担任京师同文馆的总教习后,在赫德的支持下,开始对京师同文馆进行大刀阔斧的改革。其改革内容主要有:整顿学校纪律,加强学校管理;提高教学质量,扩大招生规模;聘任同文馆教习;制订五年、八年课程计划;翻译、配置教科书和教学设备;尊重教育规律,改进教学方法;创办《中西闻见录》,为同文馆的发展提供了展示平台;考察西方教育并著成《西学考略》(*A Resume of Western Education*),引进西方法学、外交学等著作。[4]丁韪良为同文馆引入了先进的理念,极大地促进了同文馆的发展。

1880 年,丁韪良回国探亲时,受命考察欧美的教育制度。1882年,他返回中国,向清政府提交了《西学考略》的考察报告。在《西学考略》中,丁韪良对西方近代教育的形成、发展状况及其特征作了综合介绍,并在此基础上展开了中外教育的比较研究。他着重介绍了西方近代义务教育的形成和发展,以及西方近代学校教育体制及课程设置。通过东西方教育的比较研究,丁韪良指出中西学术及教育各具特色,可相互取长补短,论证了中国吸收西方文化、教育的合理性和必要性。[5]丁韪良认为科举制是中国的优秀制度,应继承和发扬,但同时也应将"西术"稍用于科场,使之更适应新的社会变化。由此可见,丁韪良在把西学、西术引入中国科举制度方面做出了重要贡献。与此同时,他还在美国积极宣传中国的科举考试制度,介绍中国社会及其传统文化。可以说,丁韪良为近代中美文化交流做出了重要贡献。与其他传

教士相比，"丁韪良对于中国文化表现出更多的宽容和理解"[6]。丁韪良对中国文化的"宽容和理解"也促使我们去深入思考，应如何以更加宽容和理解的态度看待中国的传统文化，更理性地处理继承和创新的关系。

四、著有《花甲记忆》向西方介绍中国

长期在中国的学习和生活，丁韪良对中国文化和社会已经颇为了解。他著有《花甲记忆》（*A Cycle of Cathay*）一书，该书"翔实记录了作者在华生活的前四十七年的感受和他所观察到的中国社会的方方面面"[7]。该书中有作者对中国的赞扬，也有中肯的批评，其内容真实可靠、生动有趣，极具可读性。正因为如此，该书成为当时向西方介绍中国的最好读物之一。该书不是一本简单的游记类自传性图书，而是一本展现中国深厚文化底蕴的史书类图书。由于长期生活在晚清时代的中国，他不仅熟悉当时的中国社会，还研究和了解了中国的天文、地理、历史、哲学、宗教、文学等。从一定程度上讲，这本书不仅向西方读者描述了中国社会的表象，还以一种轻松的笔调向西方读者展现了中国丰富的文史哲等方面的知识。该书加深了西方人对中国的理解和认识，在促进中学西渐的过程中发挥了重要作用。

丁韪良在书中简单地梳理了从夏商周、秦汉唐，再到宋元明清的中国历史，虽然论述篇幅在中译本中只占有几页（173页到180页），但其论述提纲挈领、言简意赅。丁韪良在华传教的前期生活在南方，特别是在宁波生活了十年，而后几十年主要生活在北方，因此他对中国南北方老百姓的民俗民风都有所了解。他在书中对中国的风土人情、民风民俗作了客观、真实的描述。值得一提的是，他还对中国的语言、文化及九部经典著作作了简介。丁韪良将《尚书》《易经》《诗经》《春秋》《周礼》比作圣经中的摩西五经，将《论语》《大学》《中庸》《孟子》比作《新约》的四福音。除了《易经》外，他对这些经典都持

肯定的态度。他还介绍了《尚书》中的尧、舜、禹,特别是大禹。此外,他十分称赞中国浩如烟海的历史文献、诗词、小说,认为中国历史文献是一笔弥足珍贵的精神财富。丁韪良对以儒家为主的中国文化情有独钟,他认为传教士应该把中国文化视为一股必须重视的力量,设法协调中国文化和基督教的优点,继承和发展"孔子加耶稣的思想"。他主张"用西学、教育争取儒教知识分子,改造儒学中与基督教相背离的部分,创造实现中国基督教化的社会环境"[8]。

五、结语

作为一名传教士,丁韪良来华的初衷是传播基督教,这势必导致根深蒂固的儒家文化与基督教之间的激烈冲突。但是丁韪良顺应了中国社会引进西学的内在需求,将传教与宣传西学结合起来,在客观上推动了西学在中国的传播,因此他成为中国近代化的重要参与者与同道者之一。西学的传播,对当时渴求进步的中国起到一定的启蒙作用。丁韪良的《万国公法》等著作成为清政府外交官的必读书籍之一,郭嵩焘、曾纪泽、薛福成等在出使西方前都曾研读过该书。洪仁玕、王韬、谭嗣同、康有为、梁启超等近代思想家都曾受到丁韪良等人所传播的西方文化的启发。

丁韪良等人把西方近代文化引进中国,积极推动了近代中国的出版、新闻、教育等文化事业的发展。近代以来,西方各国先后完成了工业革命,科技文化日益发达。这些西方近代文化,从"形而下"之器(自然科学)到"形而上"之道(政治、法律、历史、哲学)在中国得到广泛传播,为新一代知识分子提供了精神食粮。[9]这促使了中国传统文化的结构性变革。

丁韪良著有大量有关中国问题的书籍,如《北京之围》《中国人对抗世界》《中国人之觉醒》等,向国外介绍了中国传统文化,有利于美国人对中国的认识和促进中美文化交流。面对中美巨大的文化差异,丁韪良极力调和融会两者的差异,丰富和发展了中国文化。他认为"道不择地",基督教与儒教是相通的,没有任何事情能够阻止一个明智的儒者接受耶稣和视其为世界的福音,也不需要放弃中国人对孔子的传统信念。[10]总而言之,丁韪良的文化活动适应了近代中国西学东渐的历史潮流,客观上促进了西学在中国的传播,推动了近代中西文化的交流和融合。但是囿于他的传教士身份和当时特定的中外历史条件,丁韪良在中国从事的教育、文化事业不可避免地带有局限性。

参考文献

[1]李贵连:《〈万国公法〉近代"权利"之源》,《北大法律评论》,1998年第1期。

[2]柯饶福:《丁韪良——基督教的利玛窦?》,http://www.GODoor.net。

[3][美]惠顿:《万国公法》,[美]丁韪良译,中国政法大学出版社,2003年,译者序。

[4]孙邦华:《简论丁韪良》,《史林》,1999年第4期。

[5]肖朗:《西学考略与中国近代教育》,《华东师范大学学报》(教育科学版),1999年第1期。

[6]王文兵:《丁韪良与中国》,外语教学与研究出版社,2008年,第460页。

[7][美]丁韪良:《花甲记忆——一位美国传教士眼中的晚清帝国》,沈弘等译,广西师范大学出版社,2004年,第329页。

[8]赵毅:《丁韪良的"孔子加耶稣"》,《美国研究》,1987年第2期。

[9]段琦:《丁韪良与西学东渐》,《世界宗教研究》,2006年第1期。

[10][美]丁韪良:《花甲记忆——一位美国传教士眼中的晚清帝国》,沈弘等译,广西师范大学出版社,2004年,第329页。

狄考文：中国近代教育的推动者

在中国近代科学教育发展中，美国传教士狄考文及其创办的登州文会馆无疑居于重要位置。狄考文以传教为目的，主张全面教育，特别重视西方近代科学教育，培养能够胜过中国传统士大夫的新式人才。他注重科学教育的基础学科——数学，开设了物理、化学、天文、生理、地质等自然科学课程，以及音乐、历史、地理、道德伦理学、政治经济学等人文社科课程。在办学过程中，他传播西方科学思想，编著科学教科书，注重教学仪器建设和实验教学，培养了掌握了西方科学知识的新式人才，为中国近代科学教育的发展做出了重要贡献。

一、历史背景

近代以来，伴随着西方列强在中国的扩张，西方传教士通过创办学校、传播西学，试图借用现代科学知识和西方人文社会科学等的巨大力量推进基督教的传播，实现"以学辅教"。与此同时，饱受西方列强侵略的中国逐渐从闭关自守的睡梦中警醒，越发清晰地认识到了西方列强的船坚炮利，对西方科学知识的渴求与日俱增。在这一历史背景下,中国近代科学教育滥觞于西方传教士创办的教会学校中。在我国近代科学教育发端中,美国传教士狄考文及其创办的登州文会馆曾发挥了重要作用。

狄考文(Calvin Wilson Mateer, 1836—1908 年),字东明,美国宾夕法尼亚人,基督教长老会(Presbyterian)传教士。1863 年 7 月 3 日,狄考文携新婚妻子从纽约乘船前往中国。1863 年底,狄考文夫妇行经好望角、大洋洲,历时 165 天的航行之后抵达上海。翌年 1 月 15 日,夫妇二人再从上海搭船到山东登州(今蓬莱),开始了漫长的传教生涯。1864 年 9 月创办了登州蒙养学堂,提供初等教育,随后提供中等教育。1876 年蒙养学堂更名为登州文会馆,1882 年,该学堂获得美国长老会差会部的批准,开办大学教育。1904 年,文会馆迁址到潍坊与山东省青州的广德书院合并为广文学堂,后成为齐鲁大学的一部分。在登州文会馆时期,狄考文将西学(科学教育)与宗教教育、中国古籍经典教育列为学校的三大核心教育板块,他还多次利用回国休假的机会为文会馆募集资金和筹建实验设备。1880 年,狄考文获汉诺威大学荣誉神学博士学位,1888 年获伍士德大学荣誉法学博士学位。1890 年,基督教来华传教士第二次全国代表大会推选其为中华教育会首任会长。1895年,他辞去文会馆校长职务。1908 年,狄考文卒于青岛。狄氏精通数学,编有《代数备旨》(*Algebraic Tenor*)等,19 世纪末 20 世纪初,该书是中国兴办学堂初级阶段的数学教科书。此外,他还编有《官话课本》(*A Course of Mandarin Lessons based on Idiom*),是外国人学习汉语的必备书之一。

伴随着西方传教士的到来,西方的科学逐渐进入中国社会和中国人的视野。初期,传教士向中国介绍西方科学是为了达到传教的目的。"传教士采取的另一种手段,就是介绍西方科学以达到在宫廷立足和传教的目的。利玛窦初到肇庆,就介绍数学、地理、天文等方面的知识以引起人们的好奇,然后趁机结交朋友,转而传播天主教教义,引人入教。"[1]在传教士创办的教会学校中,狄考文的文会馆无疑是开展科学教育最为出色的教会学校之一。洋务运动后,中国各地陆续成立了官办的新式学堂。1862年,京师同文馆成立,1866年,福州船政学堂建立,1893年,天津医学堂成立。这些学堂开设了大量自然科学与实用技术课程,推动了我国近代科学教育事业的发展。

二、狄考文的科学教育观

(一)全面教育的教育理念

1890年,狄考文结合自己在中国的传教和办学经历,提出了"全面教育"的思想。他指出:"所谓全面教育,我指的是要对中国语言文学、数学、现代科学和基督教的真理有一个较好的理解,接受这样的教育需要十到十四年的时间。"[2]登州文会馆的办学目的是要培养一批"受过基督教义和西方科学教育熏陶的人,使他们能够胜过中国的旧式士大夫"[3]。在狄考文看来,全面教育的重要作用主要有:①全面教育有机会和时间影响人的心灵和性格。②全面教育将使人们获得具有影响力的社会地位,如果受到上帝的召唤,全面教育将培养他们成为能干的福音布道者。③全面教育有助于破除迷信和培养开明的基督徒特质。④全面教育有助于吸引基督徒与异教徒家长送儿童来上学。在他看来,用母语教学,以培养精通数学和西方科学的人才为目的全面教育,必将引导青年人走上崇高的、成功的职业道路。[4]

在办学初期,狄考文首先创办了小学性质的蒙养学堂,学制六年。1873年,他延长学制至十二年,提供中学的课程,改名为"登州男子高等学堂"。1877年,学校举办了第一届学生毕业典礼,同时更名为登州文会馆,狄考文继续提升学校的办学层次。1884年,美国长老会差会本部授权登州文会馆兴办大学,英文名称为"Tengchow Eollege"。狄考文在办学过程中采用了包括入学资格、课堂纪律、考试、放假、赏罚在内的一系列严格的学校管理制度,在教学中引入富有科学教育与实验精神的教学方法,重视实验教学和培养学生动手操作能力。为了营造全方位教育,学校还成立了辩论会等学生团体,提高学生独立自主的能力。[5]这些教育细节都体现了全面教育的理念。

(二)作为传教利器的西方科学与科学教育

狄考文是一名虔诚的传教士,传教是其根本目的,而西方科学则是助推其传教的利器。传教士需要利用科学教育打开其他国家的大门,进而传播基督教。狄考文认为,无论哪个社会,凡是受过高等教育的人都是有影响的人;如果在中国儒家思想发源地、孔子家乡的山东创办教会学校,基督教教义很难取代儒家思想。当时,中国尚存在科举考试,如何吸引家长送孩子到教会学校读书至关重要。

狄考文强调分科教育的重要性。"当见强盛之国,无不赖学问中之英才,别户分门,各专其业。或专化学,或专格物,或专天文,或专专法,或专创造机器以利农工,或专制作货物以通商贾,此其所以蒸蒸日进之故也。"[6]1896年,在一次在华基督传教士年会上,狄考文总结了开设西学课程的三个理由:一是学习科学可以破除迷信,二是可以使教会有声望,三是可以使毕业生更有能力影响中国社会的发展方向。[7]换言之,开设西学的最终目的是基督教的传播。

三、狄考文对近代科学教育发端的影响

(一)促进近代科学思想的传播

作为一所教会学校,登州文会馆在儒家文化的重镇山东开展西方近代科学教育,发展成为现在著名的山东大学。这种办学实践本身,打破和改变

了传统教育理念,促进了中国近现代教育的发展。

(二)近代科学教育教科书编撰的开端

狄考文在登州文会馆及益智书会开展了近代新式教材编写的工作。这顺应了教会学校发展的需要,正式揭开了近代新式教科书发展的帷幕。与此同时,它推动了中国近代科学教育的发展,促进了近代西方科学在中国的传播。

(三)近代科学教育实验教学的先声

在登州文会馆里,物理、化学、光学等自然科学学科都非常重视实验教学。物理实验是物理课的重要组成部分,学生每周通过实验深刻理解了所学的物理学原理。登州文会馆建有专门化学实验室,在正斋的第五学年每个学期都开设七课时的化学实验课。据《光学揭要》(*Optical Exposure*)一书记载,登州文会馆的光学实验无论是学生实验还是教师演示实验,都有明确的实验目的、实验仪器、实验过程和实验结论,而这些实验之中,实验仪器和实验过程是最为突出的两个方面[8]。

(四)近代科学教育师资的摇篮

狄考文在中国生活了四十五年,他创办的登州文会馆由小到大,逐渐发展成为一所培养新式人才的高等学校。该学校成就显著,尤其在开展科学教育方面走在了时代的前列,受到广泛赞誉。曾先后担任京师同文馆、京师大学堂总教习的丁韪良认为:"中国任何高等学校都没有像狄考文博士创建的登州文会馆那样进行全面的科学教育。"[9]由于狄考文卓有成效的工作,文会馆在19世纪末的教会学校中是开设课程最多、学校设备最好、教学质量最高的学校之一,尤其是在自然科学方面,文会馆的工作享有极高声誉。[10]在中国近代科学教育的发展中,狄考文和他所创立的登州文会馆无疑占有重要位置。

四、结语

中国现代高等教育的创办与西方传教士有着不可分割的关联,可以说传教士在创办中国第一批现代大学中起了重要作用,成为中国高等教育的先驱者,同时也推动了中国早期的现代化。美国传教士狄考文所办的登州文会馆被称为中国第一所教会大学,同时也是第一所现代意义上的大学。该校无论在中国高等教育史上,还是在基督教在华传教史上都有突破性,具有里程碑式的意义。狄考文之所以会成为在华创办教会大学的先驱者,既源于当时历史潮流的驱动,又与其自身生活经历及人生感悟直接相关。

参考文献

[1] 顾长声:《传教士与近代中国》,上海人民出版社,2004年,第7页。

[2][美]狄考文:《如何使教育工作最有效地在中国推进基督教事业》,载陈学恂:《中国近代教育史教学参考资料》(下册),人民教育出版社,1987年,第13~24页。

[3][美]狄考文:《如何使教育工作最有效地在中国推进基督教事业》,载陈学恂:《中国近代教育史教学参考资料》(下册),人民教育出版社,1987年,第13~24页。

[4][美]狄考文:《如何使教育工作最有效地在中国推进基督教事业》,载陈学恂:《中国近代教育史教学参考资料》(下册),人民教育出版社,1987

年，第13~24页。

〔5〕王蒙：《狄考文"完整教育"理念与登州文会馆办学活动互涉研究》，《教育实践与研究》，2013年第3期。

〔6〕〔美〕狄考文：《振兴学校论（选录）》，载《万国公报文选》，生活·读书·新知三联书店，1998年，第241页。

〔7〕顾长声：《从马礼逊到司徒雷登：来华新教传教士评传》，上海人民出版社，1985年，第295页。

〔8〕郭建福、郭忠敏：《晚清译著〈光学揭要〉主要内容与特点分析》，《新西部》，2017年第4期。

〔9〕郭大松：《晚清第一所现代大学登州文会馆若干史事考辨》，《史学月刊》，2013年第9期。

〔10〕史静寰：《狄考文和司徒雷登在华的教育活动》，文津出版社，1991年，第58页。

明恩溥：以西方标准观察中国人的特性

1840年之后，中国与美国商船往来日益频繁，越来越多的传教士踏上中国的土地。这些传教士逐渐对中国国民性格感兴趣，并专注探讨和研究这个问题。明恩溥对中国人性格作了细致的描写和深刻的批判，主张以西方基督教的宗教文化改造中国人的国民性。作为众多传教士中的一员，他对近代中国社会进行了细致的描写和尖锐的批评。

一、明恩溥简介

明恩溥（Arthur H. Smith，1845—1932年），美国公理会传教士。1872到达中国，在天津、山东等地传教三十多年，兼任《字林西报》（*North China Daily News*）通讯员。1905年，他辞去教职，留居通州写作。明恩溥在华生活了五十四年，非常熟悉农民的生活，对中国也较有感情，是最早建议美国政府退还庚子赔款的人，并获得美国国会通过。他把自己的在华见闻编订成书：《中国文明》（*Chinese Civilization*）、《中国人的特性》（*Chinese Characteristics*）、《中国乡村生活》（*Village Life in China*）、《中国在动乱中》（*China in Con-*

vulsion)等，其中《中国人的特性》和《中国乡村生活》是其中国观的代表。明恩溥对中国国民性的认识以《中国人的特性》一书为代表，他肯定了中国人性格中的勤俭、孝顺等美德，揭露了中国国民性中的保守、迷信等不足。《中国乡村生活》代表了他对中国乡村社会的认识：一方面他正确认识了中国牢固的社会结构，片面的教育、处于苦难中的妇女等；另一方面他错误地认为中国的戏剧处于一团糟糕中，中国人的宗教信仰很混乱等。明恩溥对中国的评价有褒有贬，但对中国的批判是其中国观的主色调和主要特点。

二、低沉的笔调

总体上讲，明恩溥对中国持消极否定的态度。他强调中国人性格中的弱点，大力宣传中国社会中的黑暗面，他以消极的笔调描述中国人的优点。例如，对于中国人节俭的品德，他写道："她独自一人在路上慢吞吞地，极其痛苦地向前挪动着，路人一打听，才知道她在忍着病痛前往一个至亲家里，以便死后能安葬到附近的祖坟，节省雇佣他人抬棺材的费用。"[1]他对中国消极的描述主要基于以下原因：

（一）特殊历史背景的局限

19世纪，世界发生了巨大变化，资产阶级革命和工业革命相继发生在西方国家，西强东弱的局面逐渐显现。中国经历了一次次战争失败，签订了一系列不平等条约，西方国家完全战胜和超越了中国，对中国的态度发生了彻底变化，"上一世纪对中国的热情被蔑视所取代"[2]。西方人以一种优越的姿态和胜利者的身份来到中国，"他们自诩为唯一的、真正文明的代表，而他们眼中的中国是落后的、野蛮的、愚昧的和未开化的。他们再也不能，也不愿以平等的身份与中国人讨论"[3]。他们对中国的态度"带有殖民主义的烙印和'西方中心论'的优越感,是一种轻蔑的态度下的结论"[4]。

(二)中西文化差异的误解

中西文化的产生、成长及传承的背景不同,因此两者有众多差异。中西方对各自的信仰、教义等都有独特的理解,但对彼此的信仰及教义则缺乏认识,这便是差异。从本质上讲,这些差异无所谓好坏,只是反映了不同国家的不同国情,但这些差异造成了明恩溥对许多现象的不理解,甚至是曲解。

(三)以西方标准为圭臬

美国当代汉学家费正清曾说:"要研究别的国家就要在发掘事实真相和环境的脉络后再评价事实,而不要只按照我们自己一家一国的标准行事。"[5]明恩溥研究中国时,不是将中国的问题放到中国这一空间中,而是放到了西方世界里。他不是在中国文化和近代中国社会的特殊历史中讨论中国人,研究中国人的国民性,而是以他自身的文化和价值观念,对中国人的国民性任意进行主观评判。对他来说,中国人特性中凡是合乎他的标准的,就都是好的,凡是不合乎他的标准的,就都是坏的。以西方标准来研究中国,其视角独特却也限制颇多。恰如何天爵所说:"我们总是喜欢用自己建立的一整套标准模式去判断和要求他人,而全然不顾我们的判断尺度和理想模式如何武断专横,如何浅薄狭隘。"[6]

三、用以宗教和道德为中心的价值观衡量中国

明恩溥视宗教和道德为价值取向的中心,这是他的中国观的特点之一。这一特点在其传教思维中得到了体现。传教士思维指以传教士身份为依

托,并以该立场思考和解决相关问题。

基督教徒有着十分虔诚的宗教信仰,他们相信该教势力内的世界美好,批判势力外的黑暗世界。基督教声称是全人类的宗教——为拯救苦难的人们而创立。因此,哪里有苦难,哪里便有基督。故而,这些传教士抱着拯救弱小,传播基督福音的意愿来到中国。但是中国人难以接受异教,导致传教受阻。即使如此,传教士们没有放弃传教,而是努力追寻原因。在此过程之中,西方不同传教士用不同的方式研究中国。虽然其中一些人较为公允或力图做到公允,但从整体看,他们依然具有强烈的宗教偏见性。明恩溥认为:"一个没有基督教的社会,不管发展程度如何高,也无论它有着如何'水晶般的道德伦理体系',都无法阻止和纠正社会的各种弊端,也无法改变其人民低下的道德水平。"[7]他认为,只有基督教才能救中国。在《中国乡村生活》中,他阐释了同样的观点:"基督教将使童性变得神圣,使母性变得崇高,使人性变得有尊严,净化各种社会条件。我们希望基督教在西方所做的一切也将在中国做到。事实上,基督教无论在哪里运作都获得了成功。任何误读、误解和忽视都不可能摧毁它。"[8]

在《中国人的特性》一书中,明恩溥曾论及中国民族性的二十多个方面,包括体面、节俭、力行、礼仪、不珍惜时间、不精确、误解之才、暗示之才、软弱的强硬、蒙昧、神经迟钝、轻蔑外国人、缺乏公共心、保守主义、不考虑舒适与方便、具有顽强生命力、坚忍不拔、淡然自逸、孝心、仁惠、欠缺同情、社会易激愤但善调停劝解、重视相互之间的责任、尊重法律、多猜疑、欠缺信实、信仰儒释道等。

明恩溥对"体面"这一中国人的民族性的探讨并不多,但是将它置于非常重要的位置。他对中国人所谓的"体面"与英文中"面"(face)的含义作了区分,认为"体面"这个词对中国人来说并不指"头的前面",而是具有非常丰富的含义。他认为,中国人讲究"体面"与中国人具有"演剧之天性"有关。在他看来,中国人嗜好演剧,如英国人嗜好角力、西班牙嗜好斗牛。正因中国人有此嗜好,才特别喜欢追求体面,害怕失体面。他的这套解释,没有学术考据,也没有严密的论证,而是将其以一种事实再现的方式呈现给读者,似乎振振有词,却经不起推敲。但是他观察到的"中国人重体面"这一观点(如他注意到中国人在面对他人赠礼时,即便心里不想接受,也必接纳其中的一部分,而不全行拒绝,这是考虑赠礼人的体面),确有事实依据。

中国人也极为节俭。节俭云者,即"整理家政之义,整理出入钱财之谓也"[9]。对于饮食,中国人认为只要能养人就行,无所谓营养均衡。其多数之人民,只以种种米稷与蚕豆、野菜、鱼类等数种之食品,以养其生命。为了做到尽可能节俭,中国人烹调时讲究用量要少,一切可以利用的都应使之物尽其用而绝不浪费。为了节省纸张,商人账簿用完后会用于糊窗。为了省油,中国人宁愿凿孔置灯,甚至为了节省洗涤材料,中国人可以不洗浴。

明恩溥还指出当时的中国人相当保守,互相之间缺乏信任。简言之,就明恩溥塑造的中国人整体形象而言,有一些正面的部分,但更大部分是灰色的、负面的。明恩溥著作中这种中国人形象的塑造与他对中国人看法的基调有关。20世纪50年代,美国人伊罗生在其著作《美国的中国形象》(*The Image of China in the United States*)中写道,明恩溥对中国人的看法的基调是"厌恶或悲哀的,是沮丧或愤怒的"[10]。

四、结语

美国人对于中国的态度是非常复杂的。在狂热传教和追求财富的冲动下,他们渴望接近中国。对美国许多虔诚的教徒来说,中国是一块没有接触基督教文明的蛮荒之地，需要美国人对它进行启蒙和重建。换言之，美国应该指导中国，带领中国根据美国政治、精神和文化形象重塑自己，中国正是美国实现这种理想的极好的国度。许多保守主义者来到中国，进行传教和开办学校。明恩溥认为近代中国需要基督教，但是从现实来看，中国急需的是革命而不是基督教。这是一种脱离中国现实的宗教偏见。明恩溥对中国的认识失之偏颇，但其著作也折射出了中国人的个别缩影。

参考文献

[1][美]明恩溥：《中国人的特性》，王雁鹏译，光明日报出版社，1998年第9页。

[2][英]雷蒙·道森：《中国变色龙》，常绍召、明毅译，时事出版社，1999年，第188页。

[3]卢秉利：《明恩溥其人其书及其中国观》，《常德师范学院学报》（社会科学版），2000年第1期。

[4]忻建飞：《世界的中国观》，学林出版社，1991年，第337页。

[5][美]费正清：《美国与中国》，孙瑞芹等译，商务印书馆，1973年，第2页。

[6][美]何天爵：《真正的中国佬》，鞠方安译，光明日报出版社，1998年，第69页。

[7]刘天路：《美国传教士明恩溥的中国观》，《文史哲》，1996年第1期。

[8][美]明恩溥：《中国乡村生活》，午晴、唐军译，时事出版社，1998年，第345页。

[9][美]明恩溥:《中国人的气质》,黄兴涛译,中华书局,2007年,第20页。

[10][美]伊罗生:《美丽的中国形象》,于殿利、陆日宇译,中华书局,2006年,第101页。

马士:中国近代史研究者

马士是美国著名的中国与远东历史专家。费正清誉其为"19世纪后期中华帝国最优秀的税务司之一"。他的著作对20世纪前半期西方的中国历史研究具有深远影响,被公认为西方汉学的先驱之一。1874年,马士毕业于哈佛大学,在中国海关任职三十余年。利用工作之便,他搜集了很多关于当时中国政治、经济、社会民俗等方面的资料。结合已有的一手信件,1909年退休之后,马士撰写了五部关于中国的著作,其中《中华帝国对外关系史》(*The International Relations of the Chinese Empire*)最具影响力。马士开启了西方中国近代史研究的先声,拓宽了西方汉学的研究领域。

一、马士简介

1855年,马士(H. B. Morse,1855—1934年)出生在美国一个中产阶级家庭。1866年,马士进入波士顿拉丁语学校(Boston Latin School)学习。1870年从该校毕业后,他以优异的成绩考入哈佛大学,主攻古典学课程。尽管年龄比其他同学小,但马士成绩优异,擅长拉丁语、法语和希腊语。马士在哈佛接受的教育为他未来的事业发展和对中国文化的研究都打下了坚实的基础。

1874年,马士毕业于哈佛,恰逢中国海关招收工作人员,马士和司必立、墨贤礼、客纳格三人共同考入了中国海关。[1]到中国的前三年,马士在上海学习汉语,后来得到赫德赏识。他曾先后在天津海关、北京总税务司署、同文馆和北京海关总办事处任职。任职期间,马士参与了一系列外交活动。中法战争爆发时,他被派去调解。1887年,马士重返中国海关,又先后历任上海、北海、淡水、龙州、汉口等地区副税务司。[2]1909年,马士因身体原因,退休后定居在英国康伯来地区,于1934年逝世。

马士在退休后,主要致力中国与远东等相关历史研究,其主要著作有《中华帝国对外关系史》与《东印度公司对华贸易编年史:1635—1834》(*The Chronicles of the East India Company Trading to China:1635—1834*)。马士亲历晚清时局,借工作之便收集了很多资料,保留了当时往来的书信,所以他对近现代中国与远东的研究及其相关著作成为后人对中外关系史研究不可或缺的一手资料,马士也被推崇为西方汉学研究的先驱之一。[3]

二、马士的中国近代关系史研究

早在正式从中国海关退休前,马士就已着手从事中国史的相关研究。在供职期间,由于工作地点频繁调动,马士接触并了解了中国政府制度、经济商贸往来及社会民俗。作为赫德的亲信,马士参与了当时许多机密工作,掌握了大量一手资料。这些都成为他研究中国近代史,尤其是对外关系史最重要的参考文献,奠定了他的研究基础,为中西方的研究提供了大量素材。

(一)马士中国近代关系史研究的主要著作简介

《中国公行考》(*The Gilds of China : With An Account of the Gild Merchant or Co-Hong of Canton*)1909年出版,大约一百页。

《中华帝国对外关系史》共三卷,七百多页,第一卷1909年完成,出版于1910年,其余两卷于1918年出版。三卷分别代表了中西关系史上的三个阶段,分别为"冲突时期"(1834—1860)、"屈从时期"(1861—1893)和"被征服时期"(1894—1911)。

《中朝制度考》(*The Trade and Administration of Chinese Empire*)于1913年出版,旨在研究中国的对外贸易制度,其中大量篇幅涉及鸦片战争之后开放的口岸。经过研究,马士提出了一种认知框架:从传统"十三行"操控的广州口岸到近代"条约口岸"的运作制度。

《东印度公司对华贸易编年史:1635—1834》共五卷,依据英国东印度公司档案及西方有关中国早期著作的资料按年编成,第一卷至第四卷出版于1926年,第五卷出版于1929年。该书详尽记载了1635—1834年间英国对华贸易的情况,事实上是广州与伦敦之间的贸易。该书是研究早期中英贸易史的珍贵资料,对研究广州"十三行"中英贸易史具有极为重要的价值。

《远东国际关系史》(*Far Eastern International Relations*)全书共三十章,前三章介绍了远东地理要素、古代西方与远东关系、16世纪至18世纪欧洲与远东关系,其余依次介绍了19世纪中期到20世纪30年代初期西方列强与远东各国的关系,及远东各国间的关系。

(二)马士与《中华帝国对外关系史》

《中华帝国对外关系史》是马士所有作品中最具代表性且影响力最大的一部著作,一直被中外学者奉为研究中国近代外交史的奠基之作。该书最大特点在于它"从历史的眼光来叙述特定场合和特定时期发生的事情"。马士"对本书所记叙的事实,凡遇到可能引起读者怀疑其可靠性或完整性的内容,都引用所读原著或注明出处"。[4]马士以中西方冲突为中心,以列强侵略、征服活动为线索,将1834—1911年这大半个世纪的中西关系史分为三个阶段(三卷):

第一卷为"冲突时期"(The Period of Conflict)(1843—1860年),共二十六章和二十四个附录,主要依据西方学者有关中国的著作、英国国会文档、北华捷报、澳门月报及马士在海关税务司任职时所收集的文献资料,以三次战争(两次鸦片战争、一次八国联军入侵)为核心,描述了中西方的激烈冲突。

19世纪起,中英商业以非自由方式展开,广州"十三行"代表了当时的中国,东印度公司代表了英国与中国开展贸易。为了扩大英国对中国贸易的势力范围,英国试图打破影响商品自由贸易的障碍,从中国攫取更大的经济和政治利益。[5]1834年,英国派律劳卑(William John Lord Napier)来华寻求"平等权"(Equality),两广总督卢坤以清政府"人臣无外交"为由拒绝了与其进行政治往来。这就引发了中英冲突,构成了鸦片战争的前奏。在英国殖民主义者的鼓动和策划下,中英关系不断恶化,最终爆发了第一次鸦片战争,英国殖民者利用鸦片和大炮打开了中国大门。[6]马士认为,律劳卑来华事件掀起了中西方长达二十五年的冲突,"它(鸦片战争)并非出于维持鸦片贸易,它只是一场持续了二十年的战争的开始,这场战争决定了东西方原有的国际和商务关系"[7]。鸦片战争是中西方文化强烈冲突的具体体现。譬如,中英法律观念存在差异。中国法律在审判时"更注重考虑侵害结果,英国法律却重视动机而非结果"[8]。再如,中西贸易观念也存在差异。清政府长期将外交视为对外贸易,而西方人认为贸易的唯一目的在于获取东方的财富,尤其在贸易中彼此都是平等的。[9]在礼节方面,清政府要求来华外商向皇帝叩头,但各国并不认同这种礼节。西方国家——先是英国,后是美国、法国同英国合作——努力试图从傲慢的清朝廷获取一种承认，即西方列强不是藩属而是具有平等主权的独立国家。[10]在马士的叙述中，"作为三次战争的结果，中国人认识到，并且也作为他们的规律而接受了：以前中国是处于命令的地位去决定国际关系的各种条件，而现在则是西方各国把他们的意图加在中国身上的时候了"[11]。

第二卷是"屈从时期"（The Period of Submission）（1861—1893年）。1860年至中日甲午战争，清政府被迫于1858年签订了《天津条约》《瑷珲条约》，1860年签订了《北京条约》等，屈服于帝国列强之下。这加剧了中国的殖民化，外国侵略势力扩展到了沿海各省，深入到了长江中下游。以赫德为首的中国海关成为中国对外交涉的主角，中国进入了短暂的"和平时期"。

屈从时期，中国政府毫无进取之心，采取过修正和抗拒不平等条约的行动，但收效甚微。马士认为，清政府腐败、羸弱，在太平天国运动的影响下，已丧失控制中国全局的能力，只能依靠西方列强换取短暂"和平"。马士不仅指出清政府的腐朽无能，而且也指出各级官吏的腐化堕落，他们只知道追逐利益而不是爱国主义，他们追求自私、狭隘的目标，而不愿意进行任何改革。[12]

马士在这卷中提到传教士，他从行政、民情、伦理、文化态势等方面分析了中国人仇视传教士的原因。[13]传教士带来了人权思想，经常表达对不公正裁断的愤慨，激发了民众对帝国压迫和剥削的憎恨，这些思想震撼了臣服于清政府的广大民众。"对官员来讲，传教士爱管闲事和挑动政治争端，人民视传教士为讨厌的革新者"，他们批判根深蒂固的佛教和道教礼仪，试图劝服他们放弃祭祀和庆典。[14]中国人认为传教活动干涉了省政府的正常行政，破坏了人民的正常秩序和生活。

第三卷是"被征服时期"（The Period of Subjugation）（1894—1911年）。马士记录了清政府在中日甲午战争中的战败，1898年列强在华划定势力范围，

1900年义和团运动的爆发,1911年清政府的灭亡。在马士看来,近代中国历史就像"一台戏",有西方列强的侵略和众多不平等条约,但这些并非戏的中心和高潮,清政府的衰弱与无能源于清政府严重的行政管理和人事制度问题。[15]他认为清政府的遭遇既在意料之外又在情理之中。所谓的"理应遭受的厄运",似乎是"恨铁不成钢"的无可奈何。[16]此外,马士用半卷的篇幅论述了义和团运动,他认为义和团运动破坏了清政府的威望,败坏了清政府的名誉。遭受了"耻辱"后,清政府本应进行根本性改革,但是"1901到1905年,清政府只进行了一些毫不触及统治和威望和无实际意义的改革。最后,清政府试图采用某些改革措施搪塞民众高涨的民族情绪,但是这些亡羊补牢的努力已于事无补,大清帝国终将难逃灭亡的厄运"[17]。马士对清政府的分析有一定合理性,但其观点依然主要基于西方优越感,任何一个国家都难逃政治腐败和政府无能而遭受侵略的厄运。

三、马士对中国近代关系史研究的影响

马士的汉学研究,尤其是他对中国近代关系史的研究拉开了西方研究的序幕,影响了宓亨利、费正清等学者对中国近代史的研究。很多研究中国史的西方学者受到了马士的启迪,"很多新研究都是基于马士的研究成果而做的局部补充"[18]。

首先,马士向西方提供了丰富、翔实的研究中国对外关系史的资料,推动了西方汉学的发展。马士长期任职于中国海关,是一个名副其实的中国通。他受到赫德的赏识,参与多项机密工作,掌握了大量一手资料,据此撰写了多本关于中国的著作。费正清指出:"马士的《中华帝国对外关系史》《远东国际关系史》《东印度公司对华贸易编年史》等书的最大价值在于其资料的翔实和叙述的谨慎。"[19]马士将西方对当代中国历史的研究向前推进了

许多年，有可能是几十年。[20]

其次，马士开拓了西方汉学研究的新领域。早期西方汉学研究涉及中国文化与历史，但都把中国当作古埃及、古印度等早已灭绝的文明一样，作为纯粹客观的对象来研究。[21]这充其量只是西方对中国的想象，并非真实展现中国。马士吸收了汉学研究的长处，扬长避短，尽可能利用原始档案材料，增加文字的可读性，加强理论分析与总结，使读者更易把握历史发展的主线。[22]

最后，马士为研究中国近代史的中国学者提供了一种新思路：通过外国人透视中国的时局。蒋廷黻、陈恭禄、郭斌佳、邢鹏举等是最早接触马士《中华帝国对外关系史》一书的中国学者。蒋廷黻的中国近代史研究深受马士的影响，他对近代史的分析框架和某些重要论断都能体现马士的思想。蒋廷黻的《中国近代史》一书将中国近代史分为两部，这种分析框架与马士划分的三个时期具有一致性。此外，蒋廷黻对帝国主义的态度、对国内士大夫阶级的批评及对熟悉外情官吏的推许等方面，与马士的观点几乎是一致的。[23]蒋廷黻在南开大学与清华大学任教十几年，培育了何炳棣、邵循正、郭廷等学者，他们在中国近代史研究领域成绩斐然。

四、结语

作为一名任职于中国海关的外国公职人员，马士恪尽职守。作为一名历史学者，马士的研究获得后世的赞誉和推崇，他开创了中国近、现代史研究，扩大了西方汉学的研究范围。他还影响了中国的近现代史研究，影响了费正清、蒋廷黻等汉学中的新领军人物。

马士的研究也有不足之处，正如费正清所说："任何历史学家的研究成果都不是金科玉律。每一代人都会产生自己的历史学家，这些人会根据时代的兴趣修正以往的记录。于是许多史学成果就被取代或者为后来的著作所掩盖。一个时代的权威著作在另一个时代就会成为'明日黄花'。其中部分内容可能被后人作为事实而接受,其余部分则成为'修正'——即质疑和改进的对象。由于任何时间发生的任何事件的意义都是由观察者决定的,我们就没有衡量马士的著作的绝对尺度。另一方面,如果我们将他对中华帝国晚期的论述跟后来的研究两相比较,也许就能丈量史学和公众的历史感的进步。"[24]

参考文献

[1]王艳芬:《马士与〈中华帝国对外关系史〉》,《史学月刊》,1993年第6期。

[2]王艳芬:《马士与〈中华帝国对外关系史〉》,《史学月刊》,1993年第6期。

[3]陈玉美:《清末在华东洋人的个案研究:马士在中国海关的经历与成就》,《崑山科技大学人文暨社会科学学报》,2009年第6期。

[4][美]马士:《中华帝国对外关系史》(第1卷),张汇文等译,商务印书馆,1963年,第3页。

[5]郑永福:《律劳卑来华与鸦片战争》,《史学月刊》,1986年第5期。

[6]郑永福:《律劳卑来华与鸦片战争》,《史学月刊》,1986年第5期。

[7][美]马士:《中华帝国对外关系史》(第1卷),张汇文等译,商务印书馆,1963年,第285~286页。

[8][美]马士:《中华帝国对外关系史》(第1卷),张汇文等译,商务印书馆,1963年,第128页。

[9]谭树林:《马士及其中国近代对外关系史研究》,《史学史研究》,2004年第4期。

[10]王艳芬:《马士与〈中华帝国对外关系史〉》,《史学月刊》,1993年第6期。

[11][美]马士:《中华帝国对外关系史》(第1卷),张汇文等译,商务印书馆,1963年,第696页。

[12]谭树林:《马士及其中国近代对外关系史研究》,《史学史研究》,2004年第4期。

[13]谭树林:《马士及其中国近代对外关系史研究》,《史学史研究》,2004年第4期。

[14][美]马士:《中华帝国对外关系史》(第2卷),张汇文等译,商务印书馆,1963年,第243页。

[15]王宪明:《蒋廷黻著〈中国近代史〉学术影响源探析——以所受"新史学"及马士的影响为中心》,《河北学刊》,2004年第24期。

[16]孙长芳:《论马士〈中华帝国对外关系史及其影响〉》,华东师范大学毕业论文,2015年。

[17]马士:《中华帝国对外关系史》(第3卷),张汇文等译,商务印书馆,1963年,第474页。

[18]谭树林:《马士及其中国近代对外关系史研究》,《史学史研究》,2004年第4期。

[19]陈玉美:《清末在华东洋人的个案研究:马士在中国海关的经历与成就》,《崑山科技大学人文暨社会科学学报》,2009年第6期。

[20]孙长芳:《论马士〈中华帝国对外关系史及其影响〉》,华东师范大学毕业论文,2015年。

[21]王宪明:《蒋廷黻著〈中国近代史〉学术影响源探析——以所受"新史学"及马士的影响为中心》,《河北学刊》,2004年第24期。

[22]王宪明:《蒋廷黻著〈中国近代史〉学术影响源探析——以所受"新

史学"及马士的影响为中心》,《河北学刊》,2004年第24期。

[23]孙长芳:《论马士〈中华帝国对外关系史及其影响〉》,华东师范大学毕业论文,2015年。

[24]邓鹏:《费正清评传》,天地出版社,1997年,第286页。

司徒雷登：中美关系观察家

司徒雷登在中国度过了一生的大部分时光。他目睹了中国社会的动荡和变革，经历了从传教士到教师、校长和大使的身份转变。在文化、教育和外交领域，司徒雷登都起到了中美之桥的作用，是在近代中美交流中具有举足轻重地位的人物。

一、司徒雷登简介

1784年，美国"皇后号"商船抵达广州，开启了中美两国贸易的开端。19世纪，清朝被迫进一步打开国门，越来越多的美国传教士到中国传播基督教，客观上促进了中美文化交流。司徒雷登的父亲是美国长老会派出的第一批传教士之一，在杭州传教长达四十六年。他父母不仅在中国传播福音，还热衷于兴办学校，这也许是司徒雷登在教育事业上取得辉煌成就的原因之一。

1876年夏，司徒雷登（John Leighton Stuart，1876—1962年）出生于中国，11岁回美国接受教育。1904年，他携新婚妻子重返中国，开启了在华四十余

美国汉学家与中华文化的海外传播

年的生活和事业。[1]根据司徒雷登的身份变化,他在华经历可分为三个阶段:1904—1919传教士时期、1919—1946燕京大学校长时期和1946—1952美国大使时期。他在华期间三个时期的不同经历对中美文化、教育和中美外交产生了不同的影响。

二、1904—1919,作为传教士对中美文化的影响

童年时期,司徒雷登曾多次随父亲到杭州传教布道,中国民众的反应使他开始思考"传教工作的价值何在"[2]。他逐渐厌恶传教活动,直到他到美国神学院学习才对传教有所改观。他在回忆录中解释,传教士们只是一味地大声宣传,布道缺乏思想说服力和有趣性,中国人民只是好奇,甚至还会嘲笑或鄙视。[3]但是出于虔诚的基督教信仰,司徒雷登在美国海外传教大潮中重返中国。

司徒雷登开始反省父辈们传教失败的原因。回到杭州后,他主动融入中国生活,学习当地方言,理解中国思维。他逐渐得到了当地人民的信任和接纳,在彼此尊重的基础上传教布道。与此同时,在华传教士出现了开明的一派,传统传教士教育思想正在发生变革。司徒雷登在《圣教布道近史》一书中强调在华的传教要弘扬人道主义精神,培训穷困的教徒一定的谋生手段用于服务社会。[4]1915年,美国长老会召开了第四次平信徒传教运动大会,司徒雷登在会上提出了独特的见解,认为孔子思想与基督教信仰有相通之处。传教布道之余,司徒雷登常反问自己:"是否能作为一个典型的'福音派传教士'开心成功地度过人生呢?"[5]1907年,司徒雷登协助教会建立了杭州育英书院,即之江大学(Hangchow University)的前身。次年,美国长老会在南京成立金陵神学院,并聘请司徒雷登为教师,因此他从杭州迁居至南京。在南京任职的十一年中,司徒雷登密切关注中国社会变化,还成为杰出

的记者。1912年，应美联社（The Associated Press）邀请，他出任美国驻南京特邀记者。

作为一名传教士和神学院教师，司徒雷注重改革传教方式，融入中国社会，认识中国传统思想，思考中国文化与传教关系。他积极支持美国学生志愿海外传教运动（Student Volunteer Movement For Foreign Missions）组织的活动，鼓励更多的学生投身宗教事业。与此同时，司徒雷登还鼓励在华传教士学习希腊语《圣经》，认为这有助于他们准确理解基督教及其教义。他编写了《新约希腊语》（*New Testament Greek*）的初级读本和一本希腊语、英语、汉语三语种字典。毋庸置疑，司徒雷登是中美宗教和文化交流的重要使者。

三、1919—1946，作为燕京大学校长对中美教育关系的影响

19世纪末20世纪初，美国教会在华大兴学校，推动了中美教育交流，助推了传教士在华传教事业的发展。1919年，北京汇文书院和华北协和大学组建成联合大学，即后来的燕京大学，司徒雷登受邀担任校长。建校之初，司徒雷登走访了北京城，拜访陕西督军，购置了现清华大学对面的地皮作为学校新址。[6]校址确定后，司徒雷登又奔波筹建校园和相应设施。他多次往返中美两国，成功申请到美国霍尔基金会（American Hall Foundation）的捐助，促成燕京大学和哈佛大学合作建立"哈佛燕京学社（Harvard—Yenching Institute）"。[7]总体上讲，司徒雷登从三方面推动了中国教育。

（一）坚持中西融合，多元化的教学模式

燕京大学建校之初，司徒雷登便主张"新大学应该立足中国社会"，中国人在学校教育和管理中担任主要角色。1920年，前清翰林学士吴雷川担任校长，司徒雷登任教务长，中国教师比例达到三分之二，中外籍教师享受同

等薪资、休假和医疗等。司徒雷登鼓励学生必修中国文学和中国历史课程，积极推进燕京大学走国际化之路，孕育"世界主义思想"。学校采用牛津大学的导师制，曾获英国经济资助。瑞士王克私博士夫妇曾任职于燕大，法国和意大利政府曾资助燕大学生出国学习，西方语言系还获得德国政府捐款。司徒雷登希望通过与世界各国交流的方式培养燕大学生国际化的思维，鼓励学生引进和学习海外优秀文化和知识。

（二）秉承自由、务实的办学理念

作为一所教会学校，燕京大学离不开宗教教育，这也是其获得资金资助的重要原因。司徒雷登认为，大学的真谛在于自由传播真理与信仰，师生可以选择是否信教。在他的建议下，燕京大学取消了强制学生参加宗教活动的规定，削减了学生必修宗教课程的时间，强制性的礼拜也改为学生自愿参加。燕大的基督教团契更像是社团活动，学生还可以开展马克思主义研究，评论三民主义，吸引了众多学者。燕京大学秉持学术自由思想，聘任的教授中既有西方教授，又有拒绝白话文的儒家学派先生，既有基督教徒，也有天主教、佛教徒，甚至还有无神论者。"因真理，得自由，以服务"的校训体现在校园各个角落，渗透到了学生心中。[8]司徒雷登注重职业课程，培养满足社会需求的学生。他认为一定的职业技能是学生的谋生途径，有助于学生服务社会和接受西方宗教。在主持校务伊始，他便开展了农业、陶瓷、制革、家政、新闻等职业培训，其中燕大与密苏里大学（University of Missouri）合办的新闻系最受欢迎。当时，美国《纽约日报》（*New York Times*）驻华记者埃德加·斯诺曾担任讲师。燕京大学还成立了社会学系，于1928年组建了清河镇试验区，将西方理论与中国现实社会结合，学生的众多学术成果在学术界产生了深远影响。

（三）关爱学生，支持学生运动

在中华民族危急关头，司徒雷登积极支持学生们的爱国运动，与他们一起上街游行，高呼"打倒日本帝国主义"。虽然国民党加强对舆论的控制，司徒雷登仍坚持维护燕大学生反对日本侵略、反对政府不抵抗政策的爱国运动，维护宣传报道学生进步思想观点的《燕大周刊》与《燕京新闻》。司徒雷登赞赏燕大学生的品质，为他们的热情与优秀精神品格所感染，认为燕大取得了"全面的人格教育"的成功。[9]北平沦陷时，司徒雷登迫于时局第一次在校园里升起美国国旗，但他还暗中保护燕大的共产党学生。在担任燕京大学校长与教务长期间，司徒雷登引进了美国教育中的"科学与民主"。他支持学生学习中国文化和中西贯通，在他的帮助下，燕大与美国知名大学开展了合作，为美国学界了解中国提供了条件。司徒雷登是成功的教育家，推动了中国教育的发展。

四、1946—1952，作为美国大使对中美外交关系的作用

司徒雷登出任美国大使期间，中国社会局势与世界格局都发生了翻天覆地的变化。1945年抗日战争结束后，国共两党冲突升级，1947年"杜鲁门主义"出台，美国政府实行"扶蒋反共"政策。同年，中国爆发了全面内战，美苏冷战拉开序幕。1949年新中国成立后，中共在一段时期内，根据国际形势实施了"一边倒"的外交政策，在意识形态等因素的共同作用下，中美关系进入对抗期。司徒雷登作为大使最终是失败的，他未能阻止战争，未能完成美国政府的目标，但是他为实现中国人民和平与民主、维护中美友好关系的理想所作出的努力是不可否认的。

五、结语

司徒雷登在中国的事业与美国利益密不可分,在担任大使期间是美国利益的维护者和代言人。作为一名传教士,他主动融入人民生活,学习中国方言,分享自己的中国观。担任燕京大学校长时,他践行了中西贯通、自由民主的教育理念,支持学生爱国运动和学生的进步思想。作为美国大使,他支持国民政府。待南京解放后,他开始寻求与中共会谈的机会,努力挽救中美关系。在华五十余年,司徒雷登为中国和中美关系做出了贡献。

参考文献

[1]李伟:《司徒雷登和他的中国事业——司徒雷登在华经历与人物评述》,《黑龙江史志》,2015年第9期。

[2]刘敏:《对司徒雷登的评价是中美关系的象征》,《福建省社会主义学院学报》,2009年第4期。

[3]罗义贤:《司徒雷登的文化品格与燕京大学的学生运动》,《贵州师范大学学报》(社会科学版),2003年第4期。

[4]钱春泰:《司徒雷登与中西文化》,《学术界》,1997年第5期。

[5][美]司徒雷登:《在华五十年:从传教士到大使——司徒雷登回忆录》,陈丽颖译,东方出版中心,2012年。

[6]王小丁:《司徒雷登与中美教育关系——以燕京大学为个案》,《西北师大学报》(社会科学版),2007年第2期。

[7]徐旭:《司徒雷登办学思想探析——以燕京大学为例》,《中国人民大学教育学刊》,2013年第1期。

[8][美]司徒雷登:《在华五十年:从传教士到大使——司徒雷登回忆录》,陈丽颖译,东方出版中心,2012年,第49页。

[9][美]司徒雷登:《在华五十年:从传教士到大使——司徒雷登回忆录》,陈丽颖译,东方出版中心,2012年,第51页。

孙念礼:探索中国汉代妇女的女汉学家

孙念礼是第一批来华研究汉学的美国留学生之一,也是美国第一位获得中国历史专业博士学位的女性汉学家。她曾经三进三出中国,完成了从教育工作者到汉学学者的身份转变。20世纪初期,孙念礼以女性的独特视角探索了中国汉代妇女及社会经济史,出版了《班昭传》(*Pan Chao, Foremost Woman Scholar of China*)等优秀著作,推动了美国汉学研究的发展,成为国际汉学界历史研究的先驱之一。

一、孙念礼简介

1881年2月,孙念礼(Nancy Lee Swann, 1881—1966年)出生于美国得克萨斯州素以玫瑰闻名的泰勒小镇。青年时期,她就对教育有着浓厚的兴趣,并进入萨姆休斯顿州立师范学院(Sam Houston State Teachers College)学习了六年,又于1906年取得得克萨斯大学奥斯汀分校(University of Texas at Austin)的学士学位。[1]毕业后,她加入了基督教女青年会(Young Women's Christian Association),1912年来到中国开封和济南开展教育工作。1919年,孙念礼回美国攻读硕士学位,翌年重返中国,在华继续工作了三年。1923年,她再次回到美国哥伦比亚大学攻读中文系博士学位,师从该系主任、以研究中国印刷术闻名的卡特。为了更好地完成博士论文,她第三次来到中国,以留学生的身份进入华北协和语言学校学习中文,并在该校图书馆工作和进行学术研究。[2]1927年,她获博士学位,任职于加拿大麦吉尔大学,并担任葛思德图书馆馆长。20世纪上半叶,西方汉学界多以译注为标准研究方式。[3]孙念礼一生致力于汉学研究,翻译注解了许多与汉代和班氏家族相关的著作,其中《班昭传》和《汉书·食货志》(*Food and Money in Ancient China*)被视为学界奠基之作。

二、《班昭传》

1928年,孙念礼完成其博士论文《班昭传》,并提交至哥伦比亚大学。《班昭传》共四卷十二章,约八万字。第一卷叙述班昭所处的时代背景,第二卷讲述其家世和生平事迹,第三卷阐释班昭的文学作品以及与《汉书》的关系,最后一卷综合论述班昭的道德哲学、人生观和文学成就。[4]

班昭,东汉著名才女,出身于名门望族,其父为史学家班彪,其兄为史学家班固和军事家、外交家班超。因嫁曹世叔,被后世称为曹大家。据《后汉书·列女传》记载,班昭学识渊博,一生所著赋、颂等共十六篇。[5]为了完成《班昭传》,孙念礼首先收集了班昭的所有作品。《隋书·经籍志》曾著录班昭的文集《曹大家集》三卷,然而唐初便已失传,这无疑增加了孙念礼查询原始资料的难度。经过几经查询,除了原有的《上邓太后疏》和《女诫》之外,孙念礼还找到了《代兄超上疏》《东征赋》《禅赋》《大雀赋》《针缕赋》五篇文献,并将其首次译成英文。她还认为班昭是《汉书》的第三位作者,但被史学家所忽略。《后汉书·列女传》记载,和帝召班昭入宫完成班固未完成了《汉书》八表及《天文志》，但未曾详细说明班昭的具体贡献，因而孙念礼在其论文中也未将其视为班昭独著，并翻译成英语。[6] 此外，孙念礼还深入探究班昭的时代背景及其文学成就。

1932年，《班昭传》由美国历史协会（American Historical Association）赞助出版，受到了东西方汉学界的广泛好评。次年，国会图书馆（Library of Congress）的汉学家恒慕义在《美国历史评论》（American Historical Review）杂志上发表书评，认为《班昭传》"不仅是对一位中国古代才女的权威研究，更生动地描绘了她所处时代的社会和思想状况"[7]，是美国汉学界一项突出的研究成果。施赖奥克也评论道："孙念礼对汉代文学作品做出了有价值的研究，《班昭传》不仅是她本人的成就，也是美国学界的荣耀。"[8]该书出版后，还受到了中国学者的关注。1937年，《燕京学报》刊登了历史学家齐思和的书评。齐思和指出《班昭传》为西方汉学界的中国汉代研究开了先河，彰显了孙念礼深厚的汉学造诣。[9]

2001年，《班昭传》被收录至"密歇根中国研究经典丛书"（Michigan Classics in Chinese Studies），由密歇根大学中国研究中心再版。汉学家曼素恩为其撰写前言，并从后现代主义和女权主义的新研究视角出发，肯定了该书的学术价值。[10]在19世纪、20世纪学者普遍研究受压迫的中国妇女时，孙念礼生动展现了中国古代一代才女的经历与成就，是西方汉学界中国妇女史研究的一个突破。[11]然而历史学教授葛朗特·哈代在《亚洲研究杂志》（Journal of Asian Studies）中评论认为，虽然该书毫无疑问是中国汉代名人研究的先驱，但是对于近几年的早期中国以及妇女研究学界来说难免有些过时。[12]

三、《汉书·食货志》

孙念礼还醉心于研究汉代社会经济史，对《汉书》与《史记》的"食货""货殖"诸篇尤为感兴趣。在任职葛思德图书馆馆长期间，孙念礼翻译了《汉书·食货志》。博士毕业不久，孙念礼就担任了葛思德图书馆馆长助理。1931年，她担任代理馆长，两年后正式升任馆长，直至1948年退休。[13]该图书馆由美国商人葛思德创建于加拿大麦吉尔大学，1926年中国农历除夕正式开放。20世纪30年代，经济危机沉重打击了葛思德公司，1934年被迫考虑出售图书馆藏书，但此时麦吉尔大学无力收购。1936年，在洛克菲勒基金会（Rockefeller Foundation）的支持下，美国普林斯顿高等研究院（Institute for Advanced Study at Princeton）接收了所有藏书。20世纪40年代，葛思德图书馆合并到普林斯顿大学图书馆，更名为葛思德东方图书馆。从蒙特利尔到普林斯顿，孙念礼一直支持图书馆的发展，即使在经济困难时期薪资被拖欠的情况下也不离不弃。[14]她积极协助购买新书籍，从1931年接任馆长时到1936年，图书馆藏书从七万五千册增至十万册。此外，她还整理和编目现有书籍，曾与中国著名古籍整理学者王重民一起整理馆藏图书。1948年，在孙念礼退休之际，为感谢她所做出的贡献，高等研究院决定拨款三千美元资助她的研究工作。[15]

在图书馆工作期间，孙念礼利用藏书资源，坚持学术研究，参与了许多学术项目。1936年，孙念礼在《哈佛亚洲学报》（*Harvard Journal of Asiatic Studies*）的首刊上发表了《七位亲密的图书馆主人》（Seven Intimate Library Owners）。在远东学会（Far Eastern Association）和美国东方学会（American Oriental Society）年会上，孙念礼还宣读了《关于中国统治者喜爱的宫中太监的记述》（An Account of Certain Eunuchs in the Palace Favored by Rulers in China）等文章。此外，她参与了恒慕义主编的《清代名人传》（*Eminent Chinese of the Ching Period*）的纂修计划。1945年，孙念礼完成了最重要的学术成果——《汉书·食货志》。这本书主要翻译和注释了班固的《食货志》，并附有《史记》和《货殖列传》等相关文献。[16]1950年，在高等研究院的资助下，该书由普林斯顿大学出版社出版。1950年,杨联陞称赞孙念礼的《汉书·食货志》为研究中国经济史做出了重大贡献,文中翻译令人印象深刻。[17]埃森·盖尔和埃德·克拉克认为,这本珍贵的书籍为相关历史学学生提供了研究参考,是学习西汉经济史的新资料。[18]

四、其他作品

孙念礼还专注于研究《汉书》和《史记》,相关学术研究成果丰厚。1931年,孙念礼翻译了《后汉书·皇后纪上》中的《和熹邓皇后传》(Biography of the Empress Teng),刊登在《美国东方学会会刊》(Journal of the American Oriental Society)第2期。邓皇后,即邓绥,中国历史上第一位垂帘听政的太后,也是班昭的学生,对东汉历史影响重大。对孙念礼来说,这本传记的注释具有重要意义。任何西方历史学家都未曾发掘和翻译这本书,孙念礼的译注对西方汉学的贡献可见一斑。[19]《班昭传》出版两年后,孙念礼又发表了《女富商巴清》一文,对汉代商业进行讨论。孙念礼认为,在研究经济历史的同时,也能对中国文化有所了解,因而无论是经济学家还是普通汉学专业学生,都能从这篇论文中有所收获。[20]在翻译过程中,孙念礼发现《史记》中有对巴清的记载,其中添加了一些评注,指出了相同话题在不同作品中的差别化处理,但没有讨论《汉书》和《史记》哪本资料更具原创性。[21]

五、结语

孙念礼长期致力于研究班氏家族和汉代社会经济历史,在汉代研究方面颇有建树,为西方中国历史学界填充了汉代历史研究的空缺,是美国汉学界的开拓者。孙念礼对《汉书》和《史记》部分章节的译注,为汉学研究提供了珍贵的原始资料。她的《班昭传》再版多次,其专著《汉书·食货志》被多次引用,其他作品对历史研究也具有重要价值。

参考文献

[1]顾钧:《美国第一批留学生在北京》,大象出版社,2015年,第153~162页。

[2]顾钧:《美国第一批留学生在北京》,大象出版社,2015年,第153~162页。

[3]谢伟杰:《东方文荟:学术五剑客:孙念礼的汉学研究》,东方ONLINE,2015年。

[4]顾钧:《美国第一批留学生在北京》,大象出版社,2015年,第153~162页。

[5]顾钧:《美国第一位女汉学家》,《中华读书报》,2013年第9期。

[6]顾钧:《美国第一位女汉学家》,《中华读书报》,2013年第9期。

[7]Hummel, W. Arthur. Pan Chao, Foremost Woman Scholar of China, first century A.D.: Background, Ancestry, Life, and Writings of the Most Celebrated Chinese Woman of letters by Nancy Lee Swann, *The American Historical Review*, 1933(38), pp.562-563.

[8]Shryock, J. K. Pan Chao, Foremost Woman Scholar of China by Nancy Lee Swann, *Journal of the American Oriental Society*, 1933(53), pp.91-92.

[9]顾钧:《美国第一位女汉学家》,《中华读书报》,2013年第9期。

[10]顾钧:《美国第一位女汉学家》,《中华读书报》,2013年第9期。

[11]程为坤:《西方学术界的中国妇女与性别研究》,《四川大学学报》(哲学社会科学版),2007年第6期。

［12］Hardy, Grant. Pan Chao, Foremost Woman Scholar of China, *The Journal of Asian Studies*, 2002(61), pp.712-13.

［13］顾钧:《美国第一批留学生在北京》,大象出版社,2015年,第153~162页。

［14］Perushek, D. E., Nancy Lee Swann and the Gest Chinese Research Library, *Journal of East Asian Libraries*, 1985(77), pp.16-24.

［15］Marcia, Tucker, and Tomasko, *Sinological Profile-Nancy Lee Swann*, E Bruce Brooks, 2008.

［16］顾钧:《美国第一批留学生在北京》,大象出版社,2015年,第153~162页。

［17］Marcia, Tucker, and Tomasko, *Sinological Profile-Nancy Lee Swann*, E Bruce Brooks, 2008.

［18］Marcia, Tucker, and Tomasko, *Sinological Profile-Nancy Lee Swann*, E Bruce Brooks, 2008.

［19］顾钧:《美国第一批留学生在北京》,大象出版社,2015年,第153~162页。

［20］Marcia, Tucker, and Tomasko, *Sinological Profile-Nancy Lee Swann*, E Bruce Brooks, 2008.

［21］Marcia, Tucker, and Tomasko, *Sinological Profile-Nancy Lee Swann*, E Bruce Brooks, 2008.

步济时：中国社会工作之父

步济时，中国早期社会工作的引进者，著名社会学家。步济时对中国早期社会工作发展的贡献主要在于他主持创立了北京社会实进会和燕京大学社会学系，在大学中创建了社会工作学科，为中国培养了早期的社会工作者。

一、步济时简介

1883 年 7 月 12 日，步济时（John Stewart Burgess，1883—1949 年）出生于美国新泽西州一个城市平民家庭，父亲是长老会教徒和男青年会的积极分子。1905 年，他毕业于普林斯顿大学哲学系，毕业后到日本京都商学院从事英语教育，并在京都基督教青年会从事义务工作。1907 年，步济时返回美国，进入哥伦比亚大学攻读社会学硕士学位，就读期间一直是学生基督教青年会的干事，并先后到奥柏林神学院、协和神学院短期学习。其硕士论文《纽约唐人街广州商人休闲娱乐时间特点研究》(Study on the Characteristics of Leisure Time of Guangzhou Businessmen in New York Chinatown)开启了他与中国的情缘。1909年,普林斯顿大学驻华同学会委派步济时到北京基督教青年会工作。

1909年到1921年,步济时一直在北京青年会的学生部工作。1912年,他联合了三所教会学校和三所官方学校,成立了北京学生团社会实进会(Beijing Society Association for Social Progress)。1918年,他组建了普林斯顿大学中心社区服务部,与普林斯顿大学的同学甘博合作,广泛深入调查了北京社会状况,撰写了《北京社会调查》(Beijing Social Survey)。1922年,他帮助燕京大学创建了社会学系,后更名为"社会学与社会工作系",开设了应用社会学专业,即社会工作专业。1920—1924年,他担任系主任,为中国培养了早期的社会工作者。

1926—1928年,步济时在哥伦比亚大学攻读社会学博士学位,他根据早期在北京的调研情况,撰写了博士论文《北京的行会》(The Guilds of Peking),是中国行会研究的集大成之作,具有里程碑意义。1928年毕业后,他又回到燕京大学任教一年。1929年,他因健康原因返美,在很多大学教授社会学。1948年,步济时退休,1949年逝世,终年66岁。

二、步济时与北京社会实进会

步济时来北京旨在完成基督教青年会的正常工作,并非致力于发展中国的社会工作。但是他看不惯在华外国人高高在上的姿态和生活方式。接触中国青年大学生团体后,他发现这些年轻人思维活跃,朝气蓬勃,有远大理想。他认为这些年轻大学生掌握着中国未来的命运。于是,他广泛接触青年学生,引导他们关注社会现实问题,积极投身于社会服务事业,并教授他们专业知识。

1911年起,步济时定期组织那些对基督教感兴趣的学生到北京西山卧佛寺，开展基督教与社会服务关系的讨论，如"近代社会科学与社会进步"（Modern Social Science and Social Progress）、"耶稣的社会福音"（The Social Gospel of Jesus）、"慈善事业与社会工作"（Charity and Social Work）等。学生们逐渐要求向民众提供力所能及的服务。1912年10月6日，步济时组织四十多名来自北京三所教会学校和三所公立学校的学生成立了北京学生社团实进会。1914年，该组织在中国政府内务部立案，并更名为北京社会实进会。1914年夏天，实进会会员发展到六百多人。

北京社会实进会是北京基督教青年会所属的一个社会团体，其宗旨是"联合北京青年学生，从事社会服务活动，以实现社会改良"[1]。步济时认为，为了服务民众，就要先了解他们。1914—1915年，步济时指导学生做了关于北京人力车夫生活与工作状况的调查。这是近代中国第一个系统的社会调查，该调查旨在了解底层民众疾苦，帮助他们改善生活。北京社会实进会还调查了北京的教育机构、监狱、精神病院、贫民院和孤儿院等，并提出了一些改进意见。

《新社会》（New Society）旬刊的创办也是北平社会实进会所做的重要工作之一。《新社会》旬刊是现代中国第一份关于社会研究的期刊，也是五四运动时期一份极有影响力的刊物。《新社会》主要由郑振铎、瞿世英、耿济之等编写，瞿秋白、许地山等也参与撰稿，其宗旨是以民主方式改造旧社会、创建新社会。《新社会》遵循以社会调查研究社会问题，以社会服务解决社会问题的思路，公开宣传社会学思想和介绍社会工作。实进会开创的社会服务事业奠定了中国社会工作的良好基础。

三、步济时在燕京大学

深入了解了中国社会问题和学校情况后，步济时开始在社会工作中关注中国发展。1914 年 4 月,步济时在《中国教务杂志》上发表了《作为一个社会服务基地的背景》一文,深入总结了当时中国存在的问题。[2] 在他看来,社会服务和基督教都能够解放人,让人们在局限的环境中获得发展机会和健全的人格。因此,中国需要培养"社会工程师"和"技术员",解决中国众多社会问题。[3] 1922 年,步济时主持创建了燕京大学社会学系,旨在培养社工人才。民国时期,社会制度不稳定,时局混乱,有一批致力于改造社会的知识分子想要通过自己的力量改造社会。这些人包括留学归来的青年、社会名流之士等。他们通过各种方法传播新理念、新知识,进行社会调查,用于改造社会。在这一背景下,社会急需培养一批专业的社会工作人才,促使社会工作专业的形成。步济时认为:"青年人,特别是学生将成为国家未来的领导者,如果能向他们实际演示最优秀的社会工作,那么中国就可以避免重复西方国家的许多错误和代价昂贵的教训。"[4] 步济时把学校看作培养未来社工人才的基地,希望中国学生具备社会工作者的情怀,采用专业方法,循序渐进地改变当时中国社会面貌,引领中国走上一条不同于西方国家的崛起道路。

燕京大学社会学系建立后,步济时带领一批优秀教师为社会工作教育的发展做出了重大贡献。1925 年,燕京大学社会学系更名为社会学与社会工作学系,开设个案工作、团体工作、社会行政、精神健康社会工作、社会福利等专业课程。燕京大学为我国培养了第一批社会工作者,正式拉开了我国专业社会工作教育的帷幕。1927 年,该系针对社会服务机关的工作人员增设了社会服务函授课,又与燕京大学宗教学院合作开设了社会服务速成班。20 世纪 20 年代末,他返回美国时,社会学系已包含理论社会学与人类学、应用社会学、社会研究、社会工作及实习等。[5] 毋庸置疑,步济时及其创建的燕京大学社会工作学科为中国社会工作专业做出了杰出贡献。

1926 年,步济时赴美深造,许仕廉担任燕京大学社会学系系主任。在这期间，学校教师队伍不断加强，聘请了不少中外著名学者和经验丰富的社会学家，增加了社会服务相关课程。学校还规定主修社会服务工作的学生，在四年学习期间需实习一年，满十六学分才能毕业。社会服务工作教学注重参观、访问、实地调查，指导学生走出课堂，深入社会，接触实际，在社会实践中发现社会问题，学习社会服务工作方法，锻炼社会服务工作能力。[6]尽管已经过去了近一百年的时间，当时社会工作专业课程的设置、理论与实践相结合的培养方式已经更加科学、合理，是当今社会工作教育的典范。[7]燕京大学成立社会工作专业之后，复旦大学、暨南大学、上海大学、金陵大学等多所高校相继开设了与社会工作有关的课程，中国专业社会工作教育取得了快速发展。

四、步济时眼中的社会工作

不同学者对社会工作有不同的定义，步济时认为："社会服务就是人们计划并且完成耶稣基督专门为社会较低层所做的每一件事。这里所说的社会较低层应当包括依附于他人的人、身心有缺陷的人、有过失的人、非常贫穷的人和无知的人。为他们所做的事情包括对他们的救济工作和改变他们的现状以避免其遭受苦难的所有努力，还有道德和社会改造的特殊工作，即改变人们有害的习俗和习惯，消除其无知，提供有益的、健康的娱乐以及完美的、有帮助的社会关系。"[8]步济时阐述了自己所理解的社会工作的服务对象、社会工作者的职责、社会工作的最终目标。这为有志于改造中国社会的青年及其他进步人士提供了努力的方向。

对于一个成功社会工作者应具备的品质，步济时提出了自己的看法。他认为，一名成功的社会工作者应该是无私的，对任何条件或任何状态下的人都是有兴趣的，不抱偏见，推心置腹，能科学、准确地观察和记录，能从历史上促进人类进步的伟大人物那里获得灵感,相信人的能力,希望和相信人类亲善、友好和服务的新的社会秩序的到来。[9]他认为,社会工作可以通过公共讲座、夜校、图书馆,宣传等方式展开。因此,社会工作者既要具备正确的价值观,又要具备科学的工作方法。他准确把握和发扬了社会工作的观念,推动了中国社会工作的开展。

五、结语

步济时主持创立了北京社会实进会和燕京大学社会学系,培养了众多优秀的社工人才,为中国社会工作的开展奠定了良好的基础。作为一名社会学家,步济时运用西方社会学的方法调查和研究北京,主张在北京大力开展社会服务,改造民国初期的中国社会。[10]步济时深入了解中国人民的思想,为中国社会学做了开创性贡献,促进了东西方文化交流。

参考文献

[1]左芙蓉:《社会福音·社会服务与社会改造:北京基督教青年会历史研究(1906—1949)》,宗教文化出版社,2005年,第79页。

[2]郑晓娜:《民国时期燕京大学社会工作专业教育研究》,河北大学2016年硕士毕业论文。

[3]阎明:《历史上的燕京大学社会学系》,《中国社会导刊》,2007年第14期。

[4][美]西德尼·D.甘博:《北京的社会调查》,陈愉秉等译,中国书店,2010年,第99页。

[5]阎明:《历史上的燕京大学社会学系》,《中国社会导刊》,2007年第

14期。

[6]雷洁琼、水世琤:《燕京大学社会服务工作三十年》,《中国社会工作》,1998年第4期。

[7]赵超:《步济时:西方社会工作的传教士》,《中国社会工作》,2013年第9期。

[8]左芙蓉:《一位外国社会学家眼中的民国初期北京社会服务》,《广州社会主义学院学报》,2007年第5期。

[9]左芙蓉:《社会福音·社会服务与社会改造:北京基督教青年会历史研究(1906—1949)》,宗教文化出版社,2005年,第79页。

[10]左芙蓉:《研究老北京的美国早期汉学家》,《文史知识》,2008年第2期。

赖德烈：中国学和中美关系的研究者

赖德烈，美国历史学家、东方学家，早期美国中国学研究开拓者。19世纪末，美国人对中国的研究还处于起步阶段，主要通过欧洲的汉学研究获得一些信息，对中国的认识是有限的。赖德烈曾两次来华考察，出版了一系列有关中国学的著作，促成了远东协会等美国重要中国学研究机构的成立。他的中国学研究为美国的中国研究开创了新思路。

一、赖德烈简介

1984年，赖德烈（Kenneth Scott Latourette, 1884—1968年），本名肯尼斯·斯科特·拉图雷特，出生于美国俄勒冈州。1904年，他在俄勒冈州的林菲尔德学院获得理学学士学位，后到耶鲁大学攻读历史专业，先后于1906年、1907年、1909年在耶鲁大学获文学学士、硕士和博士学位。赖德烈师从耶鲁大学远东史专家卫斐烈——"美国汉学第一人"卫三畏之子。1910年，在美国学生海外志愿传教活动的影响下，赖德烈怀着向海外传播基督教的理想远赴中国。他是海外传教志愿者的杰出代表，还曾担任耶鲁学生志愿海外传教运动秘书一职。同年,他到中国湖南长沙雅礼书院任教。在华期间,赖德烈一边教书,一边收集有关中国的资料,利用假期实地考察了湖南、湖北两地情况。[1]1912年,赖德烈因身体原因回美国休养。1912—1914年,他在俄勒冈州波兰特里德学院兼任历史学教授,并以宗教领袖的身份开启了他的职业生涯。1934—1939年,他担任中国雅礼会和湘雅医学院理事。1938年,经湖南省政府主席张治中推荐,赖德烈获中国政府颁发的翡翠勋章。[2]1938—1946年,赖德烈任耶鲁大学宗教系主任,直到1953年退休。退休后,他还继续从事宗教研究,出版了《基督教史》(A History of Christianity)。1968年赖德烈不幸遇车祸去世。

赖德烈著有《中国的发展》(The Development of China, 1918)、《中国人:他们的历史和文化》(The Chinese:Their History and Culture, 1934)、《现代中国史》(A History of Modern China, 1952)和《中国》(China, 1964)等,其中《中国人:他们的历史和文化》影响力最大。赖德烈的宗教研究也享誉世界,最著名的有《基督教扩张史(1937—1945)》第七卷(A History of the Expansion of Christianity, 1937—1945, v. 7)、《基督教在华传教史》(A History of Christian Missions in China, 1929)和《革命时代的基督教:19、20世纪基督教史》(Christianity in a Revolutionary Age : a History of Christianity in the Nineteenth and Twentieth Centuries, 1958)。

二、赖德烈对基督教传教史的研究

赖德烈出生于一个基督教家庭,其父辈是胡格诺派,过着清教徒式的生活。赖德烈自幼深受基督教影响,他从理科转向文科,相信宗教的"普世精神",热衷于传播福音,后来到中国。他的中国之行使他进一步了解了中国,萌生了向美国介绍中国历史与文化的想法。[3]这些经历影响了他对基督教史和中国的研究。

　　1929年,赖德烈出版了《基督教在华传教史》一书。该书被奉为该领域的权威之作,对美国和中国相关研究都产生了巨大影响。该书也被认为是"研读中国基督教史的唯一现成课本"[4]。赖德烈的《基督教扩张史》同样享誉西方,被视为经典之作。赖德烈认为中国可以接受基督教,但儒家文化和思想深入人心,基督教的传播和发展会困难重重。赖德烈称赞儒家文化对社会安定、国家统一具有重要的作用,但儒家文化禁锢了国民思想,重传统轻科学技术,阻碍了中国向工业社会发展的道路。参考了佛教的发展历史后,赖德烈认为基督教也可以在中国发展。作为一种外来文化,佛教适应了中国文化,并融入了中国传统文化中,因此赖德烈认为中国人也能够接受基督教。他对于基督教的发展前景持乐观态度。他甚至认为基督教可以推动中国文明的发展,基督教并非文化入侵,而是带领中国加入世界基督教大家庭,让中国与其他国家平等交流,实现世界范围内的民主和安全。毋庸置疑,赖德烈以美国的思维模式试图"救赎"和"拯救"中国,却未曾考虑基督教对中国文化的破坏,对中国社会的伤害等。他认为基督教通常与先进的科学技术和更自由民主的政体密切相关,军事、政治、经济力量能够打破中国旧的文化传统,达到传播基督教的目的。[5]

三、赖德烈的中国学及中美关系研究

　　与欧洲的中国研究相比,美国对中国问题的研究起步较晚。美国的远东研究始于20世纪初,与来华传教士密切相关。赖德烈师从著名汉学家和传教士卫三畏之子卫斐烈。卫三畏曾担任耶鲁大学第一个专职中国语言和文学教授,著有《中国总论》(*The Middle Kingdom*, 1848),该书具有里程碑意义。卫斐烈继承了其父,修订了《中国总论》后三章内容和全部索引,填补了美国中国学研究的空缺。赴中国长沙雅礼会学校任职前，赖德烈研修了卫斐烈的中国历史课程，深受卫三畏父子学术思想的影响。

（一）赖德烈的中国学研究思想

赖德烈著有《中国人：他们的历史和文化》，在结构和观点上深受卫三畏的《中国总论》的影响。该书分为两册：上册概述中国历史的发展，以四分之一的篇幅论述了上古到秦汉时代；下册介绍了中国的种族构成、政府、经济生活、艺术、语言、文学和教育等各方面。[6]西方研究中国历史有两种范式：一是重点描写秦汉之前的中国，对后两千年的中国史则轻描述；二是只专注鸦片战争后的近代史。赖德烈打破了西方传统范式，奠定了他在美国中国学研究领域的地位。

赖德烈重点研究西方侵略中国前的中国传统历史文化，关注近代西方进入中国以后对中国文化的冲击和影响，及中国文化的未来发展道路等。[7]在几部汉学著作中，他都分析和对比了西方进入中国前后的中国文化和社会，透视近代西方文化在中西文化互动中对中国文化的深远影响。[8]赖德烈认为，美国人对中国文化的影响就像"火星人将其文明强加给地球人一样的革命"[9]。赖德烈高度称赞中国传统文化，认为中国古代文明高度发达，并不逊色于欧洲的古罗马文明。[10]他说："中国的政治、社会结构、经济、哲学、艺术和文学是人类的卓越成就。"[11]赖德烈认识到了中国辉煌的传统文化，也看到了中国文明的落后与闭塞，认为儒家文化是中国落后的主要原因。

赖德烈在华时恰逢中国动荡的时期，他见证了辛亥革命的胜利，封建帝制的垮台和中华民国的成立，他认为这些都是西方文化冲击的结果。赖德烈认为中国文明在西方的冲击下面临着崩塌，鸦片战争是中国文化和社会遭受冲击的开始。他还认为中国传统思想文化遭受了沉重的打击，批评了中国"崇古""重文轻武"和提倡道德忽略法律惩治等传统文化，认为中国这些思维和文化传统造成了中国故步自封和落后的状况。[12]所以基督教能够"拯救"中国和中国人民。赖德烈肯定了中国高度的历史文明,揭示了中国无力抵御外来入侵,试图以基督文化拯救中国普罗大众于水火中。赖德烈透露了西方文化的优越感,实质上是倡导美国引领中国的思维模式。在研究方法上,赖德烈延续了卫三畏的跨学科研究方法。他将中国视为一个文明整体,系统介绍了中国历史、文化、社会、经济、艺术、语言、文学和教育等。[13]

(二)赖德烈的中美关系史研究

赖德烈对中美关系有着浓厚兴趣,1917年,他出版了《早期中美关系史:1784—1844》(*The History of Early Relations between the United States and China, 1784-1844*)一书。该书主要探讨了1844年之前的中美关系,分析了中美贸易的开始、扩张、变化、影响,以及传教士在两国关系发展中的作用,还有美国进入中国的开端和过程及中国对此行为的反抗与妥协。[14]作者分门别类整理了庞杂的资料,突出研究主题,令人印象深刻。该书资料翔实,"参考了已知的所有与本主题相关的材料"[15]。对美国中国学具有指导意义,为美国的中国学研究奠定了基础。赖德烈主要参考了英语资料,主要从美国立场分析中美关系,重点叙述了美国对中国的影响,而忽视了中国对美国的反作用。他曾这样评论美国的中国学:"我们必须承认,美国历史学家对欧洲远东外交史研究不够深入,甚至对美中关系的研究也差强人意。"[16]

赖德烈还著有《美国船航行到中国》(*Voyages of American Ships to China*,1927)、《美国跨越太平洋》(*The United States Moves across the Pacific*, 1946)、《远东简史》(*A Short History of the Far East*, 1947)、《美国在远东的记录》(*The American Record in the Far East*, 1952)等。在这些著作中,赖德烈都从美国立场看待中美关系,认为美国代表着西方文明,有责任帮助中国乃至亚洲,始

终坚持和贯彻以基督教文明拯救东方文化的观念。他还错误地认为,美国应该以不同方式全方位干预中国政治,向中国提供物质援助和精神引导,如果中国人能够接受美国基督教所倡导的民主和自由,中国能够像日本一样富强。[17]作为一名传教士,赖德烈认为每个灵魂都享有自由发挥自己才能的机会,这显然与他的认知相互矛盾。赖德烈目睹了中国的义和团运动、反帝反封运动,感受到了中国人强烈的民族主义,他希望以宗教的方式调和这一矛盾。

四、赖德烈对中国学和基督教史研究的影响

赖德烈是美国中国学的积极推动者之一。20世纪初,美国中国学研究处于起步阶段,赖德烈继承和发展了卫三畏父子的汉学研究。他多次呼吁美国学者要从数量和质量上追赶欧洲相应的学术成果。为了更好地发展美国的中国学,他开展了一系列研究协会相关的工作。[18]1928年,赖德烈组建了中国研究促进会,在担任美国中国促进会主席时,他与美国东方学会联合举办了几次中国研究相关的专门研讨会,为美国远东协会的成立作了准备。赖德烈促使了美国的中国研究的发展,在一定程度上改变了美国人对中国刻板、怪异、落后的印象。

作为20世纪重要的基督教史学家之一,赖德烈尤其关注基督教在全球的传播。他从研究历史的视角分析了传播福音的传教士的广阔眼界,抨击了传统教会史研究的狭隘眼光,要求从全面的、整体的世界视角研究历史。[19]赖德烈认为历史是先后相连的,《基督教史》体现了赖德烈的历史理念。这为当时的历史学家提供了一个新思路,开启了新的教会史研究。赖德烈还要求史学家应注重当代史,注重近代史中的东方史研究。

五、结语

作为一名基督教传教士,赖德烈在华传教的经历影响了美国中国学的发展。赖德烈继承了卫三畏父子的汉学研究,结合在华传教时所见所闻,著有大量中国学相关学术著作,发展了美国的中国学。出于对基督教传教的热爱,他深入研究了基督教传教史,提出了跨学科全球史的研究理念,为后人提供了一个新的思路。赖德烈开创了中国近代史研究的先河,改变了通史或古代史研究的模式,关注中国当代问题和区域研究,为美国的中国学奠定了基础。[20] 赖德烈立足美国现实利益,探究了基督教在中国的发展,希望基督教能够实现中国化,带领中国走上世界交流舞台,却完全忽视了基督教对中国文明和社会的破坏。他的学术视野、思想体现了来华传教士的特点:将所谓的上帝的福音传遍世界。

参考文献

[1]刘艳艳:《赖德烈的中国学研究》,华东师范大学 2009 年硕士毕业论文。

[2]杨慎之:《湖南历代人名词典》,湖南出版社,1993 年,第 716 页。

[3]刘艳艳:《赖德烈的中国学研究》,华东师范大学 2009 年硕士毕业论文。

[4]蔡永春:《译书书目》,北京大学档案馆,卷宗号 YJ44009,顺序号 3。

[5]王思聪:《赖德烈的中国学研究》,北京外国语大学 2014 年博士毕业论文。

[6]王思聪:《赖德烈中国学的维度、逻辑及评价》,《北京社会科学》,

2014年第10期。

[7]王思聪:《赖德烈美国中国学的维度、比较与特色》,《学术界》,2014年第6期。

[8]王思聪:《赖德烈中国学的维度、逻辑及评价》,《北京社会科学》,2014年第10期。

[9][美]赖德烈:《现代中国史》,吕浦、孙瑞芹译,商务印书馆,1963年,第4页。

[10]王思聪:《赖德烈美国中国学的维度、比较与特色》,《学术界》,2014年第6期。

[11]Latourette, Kenneth Scott, *The China That Is to Be*, Oregon State System of Higher Education, 1949, Introduction. 12.

[12]王思聪:《赖德烈中国学的维度、逻辑及评价》,《北京社会科学》,2014年第10期。

[13]王思聪:《赖德烈美国中国学的维度、比较与特色》,《学术界》,2014年第6期。

[14]刘艳艳:《赖德烈的中国学研究》,华东师范大学2009年硕士毕业论文。

[15][美]赖德烈:《早期中美关系史》,陈郁译,商务印书馆,1963年,第4页。

[16]朱政惠:《美国学者论美国中国学》,上海辞书出版社,2009年,第3页。

[17]王思聪:《赖德烈中国学的维度、逻辑及评价》,《北京社会科学》,2014年第10期。

[18]刘艳艳:《赖德烈的中国学研究》,华东师范大学2009年硕士毕业论文。

[19]刘艳艳:《赖德烈的中国学研究》,华东师范大学2009年硕士毕业论文。

[20]刘艳艳:《赖德烈的中国学研究》,华东师范大学2009年硕士毕业论文。

福开森:推动中国文化教育事业的倡导者

19世纪末,福开森在传教布道的潮流中来到中国。在华五十余年间,他专注传播宗教教义,致力于中国文化教育事业。他推动了中国大学的现代化发展,在中国近代艺术教育和学术研究等方面做出了杰出贡献,影响了美国汉学的发展,对中国近代社会文化教育和中西文化交流具有重要意义。

一、福开森简介

福开森(John Calvin Ferguson,1866—1945年)于1886年毕业于波士顿大学,同年携夫人来到中国。1943年,福开森返回美国,结束了他在中国长达五十余载的旅居生活。他精通汉语,会说南京话,热衷于古董字画,是故宫文物鉴定委员会唯一一位外国人,他曾多次受邀担任名人政要的顾问。[1]福开森早年就有志于推动中国文化教育事业的发展,并不断践行着自己的梦想。1946年,国民政府曾公开称赞其对中国文化事业的杰出贡献。其主要贡献主要体现在改革近代高等教育、推动艺术教育和改进北宋政治史研究方法三方面。

二、福开森与两所大学

传教士在洋务运动时期的中国发挥着西方教育引入者的作用，他们将近代教育制度、教学内容、教学手段、方法和原则及学校管理等全面移植到中国学堂的运行当中，为中国近代高等教育的发展奠定了基础。[2]作为美国传教士，福开森也积极参与中国高等教育管理，先后担任了汇文书院的院长和南洋公学的监院。福开森大胆引进西方教育模式，为近代中国培养新型人才。

1888年，福开森受传教士博罗的邀请到南京参与了汇文书院的创建，并担任院长一职。当时，汇文书院是南京第一所高等学府，也是中国最早的大学之一。学院的办学宗旨是"教授高级科学课程，以便在中国知识界获得一席之地"[3]。学院设有博物院（文理科）、医学院（医科）、圣道馆（神学）、附属中学和附属医院等。除了课程和院系设置，福开森还设计、筹建了汇文书院的第一幢建筑——三层楼洋行，又称钟楼。学院又陆续新建了礼拜堂、青年会堂、教室、宿舍等。1910年，汇文书院与宏育书院合并为金陵大学，即今南京大学的前身之一。19世纪80年代，中国如火如荼地开展了洋务运动，全国大张旗鼓地改革八股取士，建立新式学堂，汇文书院应运而生。汇文书院不同于讲授传统儒家经典思想的私塾，该校传播了西方医学、西文、先进的西方科学文化知识，培养了陶行知、黄荣良等新式人才。它的成立是对当时尚未彻底结束的科举制度的冲击，对中国近代高等教育的发展，以及培养新型高级人才具有积极而深远的影响，而福开森对此贡献颇多，并因此获得了国民政府的勋章。[4]

1896年，清末洋务派大臣盛宣怀在上海创立南洋公学（今上海交通大学），福开森即南下出任南洋公学监院一职。与汇文书院不同的是，南洋公学是中国人自己创办的学校,目的是培养通晓西语、懂得技术的新型人才。福开森任职期间,则全盘按照美国的教育模式办学。在南洋公学,他首创了外院(小学堂)、中院(中学堂)、师范院、上院(大学部)和专科(即特科,包括政治班和商科)及配套的完整的教育体系。这种外、中、上三院相衔接的教育制度,是中国近代小、中、大学三级制教育的雏形。作为教务总长,福开森严格按照聘任合同规定考核、教导教师和学生,安排学习课程,为外院每班学生安排一名学习督导。为了加强英语教学,他要求全体学生学习英语,高年级课程中除了国学外,他所有课程均用英文讲授。福开森还负责校舍基建工作,设计了中院和上院两幢学校最早的建筑。此外,福开森鼓励学生全面发展,提倡学生多参加体育锻炼。1898年,他组织了南洋公学第一次田径运动会,比1910年第一次全国运动会早了十二年。[5]清朝官吏担任本次运动会的裁判员,吸引了众多上海市民前来观看。此后,在福开森的努力下,学校引进了足球、网球、棒球等多项运动,极大地激发了学生对体育运动的兴趣。南洋公学创办不久便享誉全国,受到清政府的赞许。

三、福开森与中国艺术

福开森热爱中国文化,热衷于收藏古董字画,是当时古玩店与文物街的常客。他收藏文物并非为了附庸风雅,而是为了鉴赏与研究。福开森引进了西方先进的艺术收藏研究方法,通过深入分析中国艺术形成了自己的独特见解,改变了西方学界对中国艺术的研究视角。

作为故宫博物院文物鉴定委员会中唯一的外国人,福开森拥有自己独特的文物收藏方法。对于每一件器物,他皆有四项登录:①原物均有拍照;②可拓的均有拓片;③有文字描述,如玉质、铜质、长、高及形态、颜色等;④有考证,虽然有海内知名金石学家、文字学家以及收藏家的研究成果,福开森仍会进一步判断每一器物的年代、出处等。此外，福开森还尽可能记载器物的收藏历史，标注各器物的英文说明。这种科学严谨的收藏方法接近于现代考古的收藏方法，远超当时中国的老式收藏方法。福开森不仅通过收藏的方式研究中国艺术，还著书立说。他在研究中国古代绘画和金石学伊始，就做了大量有关中国文献的笔记，这些学术笔记成了《历代著录画目》和《历代著录吉金目》的索引的起源。[6]福开森还利用美国退还的部分庚子赔款，聘请了多位中国学者和文物专家，共同编纂了《校注项氏历代名瓷图谱》《西清续鉴乙编》等，其中《历代著录画目》和《历代著录吉金目》是最重要的代表作。福开森历时三十年，参考各种著录两百余种完成了《历代著录画目》，该书按姓氏排列，收录有两千三百余名画家，成为后世画家研究者的重要文献。[7]福开森的索引方法与专著向中国专家提供了最新现代目录学方法，有利于后世及西方研究和了解中国美术、文物及艺术。

福开森还将他本人数十年的收藏悉数捐赠给金陵大学中国文化研究所，这是他对中国文化和教育的主要贡献。他捐赠的文物达千余件，种类繁多，涉及陶瓷、绘画、墨迹等。《大公报》曾全程对此事做了大幅报道，高度评价了福开森的杰出贡献。在文物捐赠之际，福开森等人签订了《赠与及寄托草约》，其中几项约定充分体现了福开森的初衷和他对中国艺术研究发展的关切。在草约中，福开森要求金陵大学建造一个储藏与陈列其赠品的建筑，文物展览条件成熟后对外公开展览。这类似于现在的美术馆或博物馆，但当时这类公共设施实属罕见之物。早在1913年，鲁迅供职于教育部时就认为美术的真谛在于与国人分享，并倡导政府建立中央美术馆。因此，福开森的要求对美术馆的发展和文化艺术教育的普及具有重要意义。此外，福开森还要求这些赠予物为学术研究所用。《南大百年实录》记载，福开森尝曰："古物之收集，非仅供个人之欣赏，必以之为教学研究，方可发挥。"设馆陈列之后，福开森还计划设立研究院，定期邀请专家演讲和学术交流，允许相关教授带领学生来馆实地考察和学习。起初,金陵大学无适宜的保管之处,代交北平古物陈列所(即今故宫博物院)保管并公开展览这些收藏品。新中国成立后,这些收藏被运回金陵大学。金陵大学与南京大学合并后,这些收藏品陈列于南京大学艺术与考古博物馆,直到2002年南京大学百年校庆之际,这些文物才公开展出。福开森为中国捐赠了众多文物,成了艺术保管者和收藏家的楷模,推动了中国文物、美术教育的普及,为研究中国艺术的学者提供了珍贵材料。

福开森不仅推动了中国艺术教育与研究的发展,还结合自己对中国艺术的独特见解影响了美国汉学。1918年,福开森在芝加哥艺术学院作了六次关于中国艺术的演讲,次年出版了《中国艺术讲演录》(*Outlines of Chinese Art*)。该书全面而深入地讨论了中国艺术的主要类别,纠正了20世纪初西方研究中国艺术中的"重陶瓷而轻书画"的误区。此外,福开森借鉴了东西方艺术研究成果和方法,提出了"中国文化的精神"(the spirit of Chinese culture)等鲜明而独立的观点。[8]当时,西方学界习惯地将中国艺术同其他亚洲艺术相提并论,福开森却认为中国艺术具有华夏民族的独特性,在与其他民族相交流中并未受太大影响。他建议以中国古代"六艺"探寻中国人的艺术观。在当时的汉学界,福开森对中国艺术研究的广度与深度可谓首屈一指。

四、福开森与北宋政治史

清末与民国初期,人们希冀变法图强,重新思考了王安石变法。1908年,梁启超出版了《王荆公》一书,打破了传统史学,运用西方理论研究王安石及其变法,在当时学界具有开创性价值。学者孙健认为:"梁启超的观点在一定程度上受到了福开森早前发表的《王安石》(Wang An-shih)的启发和影响。"[9]1903年到1927年，福开森研究了北宋中后期政治史，形成了自己独到的见解和新颖的研究方法，具有划时代的意义。

在《王安石》一文中，福开森评价了王安石及其变法，讨论了朋党之争、北宋中后期政治走向及北宋灭亡的原因等，提出了很多真知灼见。首先，大多数中国传统史学家否定王安石变法，但是福开森积极评价了王安石及其变法。其次，他认为辽和金在历史上具有与宋平等的政权，宋未曾取得与汉、明、清同等的地位。他主张将宋神宗之后的北宋作为一个整体来研究，透视出北宋中后期政治的一般特征。最后，福开森阐述了北宋走向灭亡的内因和外因。

福开森不仅提出了与传统史学家不同的观点，还以西方理论、东西文化比较与中国传统史学相结合的视角研究中国历史和文化。福开森以西方科学理论和比较史学方法研究北宋政治史。当时，西方史学中确立了政治军事史的传统，以重大政治事件、政治人物为主要研究对象，福开森以王安石及其变法为切入点，研究北宋中后期的政治史。此外，他采用西方"自由主义"与"保守主义"之间的对立，概括以王安石和司马光为代表的两党的新旧政治理念，将北宋党争比作同时期欧洲围绕教皇格里高利七世的斗争。他深刻认识了中西文化的差异，从中西文化比较的视角开辟了研究王安石变法的新路径。福开森还借鉴和继承了中国传统史学。他承袭了历代主流史学家的观点，受到苏辙观点的启发。在总结变法失败原因时，他更认同元祐党人的看法，将变法派素质低下视为变法失败的主要原因。

五、结语

福开森在华五十余年，为中国文化和教育事业做出了卓越贡献。他将西方先进的教育模式引进中国，推动了汇文书院与南洋公学的创立和发展，两所教会学校如今都已发展成为中国重点学校。他将西方科学的史学研究理论与中国传统史学相结合，以比较史学的方法重新思考王安石变法，开创了研究北宋政治史的新途径。中国文物专家、画家等同样从福开森的中国艺术研究成果中受益匪浅。基于对中国的深刻认识，福开森打破了西方研究中国艺术的固定模式，将中国文化的精神传播到了西方世界，很大地影响了美国汉学，促进了中西文化交流。福开森不仅在文化和教育方面影响了晚清和民国社会，还兴办《新闻报》推广股份制，在政务参与中调节中西关系，通过捐款赈灾帮扶百姓。美国中国学的奠基者费正清赞许福开森"是生活在两种文化中了不起的人物"[10]。

参考文献

[1]张科生:《福开森在中国的足迹》,《纵横》,2004年第5期。

[2]李剑:《传教士与晚清时期西方近代教育的传入》,《中国电力教育》,2009年第5期。

[3]曹晨:《福开森其人其事》,《文史天地》,2016年第3期。

[4]赵飞飞、殷昭鲁:《国民政府授勋的金陵大学外籍教师》,《档案与建设》,2015年第10期。

[5]章玲苓:《福开森与南洋公学》,《上海档案》,2001年第3期。

[6]郑涛:《福开森——中西文化交流的使者》,《美术报》,2018年第13期。

[7]司开国:《从〈赠与及寄托草约〉看福开森对中国艺术的贡献》,《美术研究》,2011年第4期。

[8]余夕雯:《福开森:中西文化交流的特殊使者》,《文化交流》,2015年第5期。

［9］孙健：《追溯湮没的学术史:福开森的北宋政治史研究》,《厦门大学学报》(哲学社会科学版),2016年第3期。

［10］［美］费正清:《费正清对华回忆录》,陆惠勤、陈祖怀、陈维益、宋瑜译,知识出版社,1991年,第60页。

宓亨利：中国问题专家

宓亨利，美国著名汉学家，学术成果丰硕。他对中西学者学术交流，汉学的海外传播和中美关系的发展做出了重要贡献。

一、宓亨利简介

宓亨利（Harley Fransworth MacNair, 1891—1947年）出生于美国宾夕法尼亚州格林菲尔德。他母亲是新教圣公会信徒，受其母亲影响，宓亨利13岁皈依新教。1909年，宓亨利毕业于美国加利福尼亚州雷德兰兹高中，大学就读于雷德兰兹大学。1912年，宓亨利来华传教，曾担任上海圣约翰大学讲师。1916年，他获哥伦比亚大学硕士学位，1922年获加利福尼亚大学哲学博士学位。他曾兼任上海《密勒氏评论报》特约编辑、《教务杂志》编辑部执行委员和圣约翰大学华东夏令营学院院长。1926年，宓亨利返回美国，历任华盛顿州立大学和芝加哥大学远东史教授。

二、理论研究和实践活动

(一)传教与教学

1912年,21岁的宓亨利来到上海圣约翰大学。该校是美国圣公会主教施约瑟在中国筹建的第一所现代高等学府,也是在华办学时间最长的一所教会学校。宓亨利曾担任上海圣约翰大学讲师,教授英语和西方历史等多门课程。1916年,宓亨利荣升为历史学和政治学教授。1919年,圣约翰大学创办华东夏令营学校,宓亨利担任院长。在校期间,宓亨利与中国学生交往密切,常邀学生交流思想,探讨中西差异,给予学生指导与帮助。[1]通过与学生互动,宓亨利更好地了解了中国,有利于其客观研究中国。宓亨利投入大量时间和精力,编纂了《中国学生用短篇故事集》(*Short Stories for Chinese Students*)、《中国学生用西洋史入门》(*Intruduction to Western History for Chinese Students*)等多部书籍。这有助于中国学生了解西方文化,为中国教育事业留下了宝贵的精神财富。

(二)担任报刊编辑

1917年6月,汤姆斯·密勒在上海创办《密勒氏评论报》。这份英文报纸以报道、评论中国和远东的政治经济时事为主。1925年,宓亨利担任《密勒氏评论报》特约编辑。宓亨利对于远东国际关系表现出了浓厚的兴趣,其独特的视角和敏锐的观点吸引了西方读者,影响了中国知识分子。宓亨利还担任上海《教务杂志》编辑部执行委员,协助来华传教士交换信息,促进传教士了解中国文化。

（三）专注于学术研究

20世纪20年代，中国局势动荡不安，民族矛盾日益加剧。1925年，五卅惨案激起了人民群众的反对帝国主义运动。在动荡的岁月中，宓亨利客观分析，理性思考，完成了多部著作。1923年，宓亨利出版了《中国近代史选读》(*Modern Chinese History Selected Readings*)。1924年，他撰写了《华侨志》(*The Chinese Abroad, their Position and Protection*)，叙述了中国人移居美国的历史过程及美国的排华运动。1925—1926年，宓亨利完成了《中国新民族主义论文集》(*China's New Nationalism and other Essays*)和《中国国际关系论文集》(*China's International Relations and other Essays*)。

此外，宓亨利还与马士合著了《远东国际关系史》(*Far Eastern International Relations*)。该书是根据马士1910年出版的《中华帝国对外关系史》(*International Relations of the Chinese Empire*)改编而成。宓亨利征询马士同意后，对《中华帝国对外关系史》进行择要叙述。[2]同时，他结合当时最新研究成果，尤其是泰勒·丹涅特的两部著作——《美国人在东亚》(*Americans in Eastern Asia*)和《罗斯福与日俄战争》(*Roosevelt and the Russo-Japanese*)的成果，他还增加了中国以外的其他地区。[3]该书浸透着帝国主义逻辑、观点和资产阶级反动历史观。[4]作为西方学者，马士与宓亨利在书中揭露了殖民主义者侵略中国的种种罪行。例如，东印度公司向中国贩卖鸦片、第二次鸦片战争中火烧圆明园的罪行、英国商人在上海利用欺骗手段建造吴越铁路等罪行，该书均有较为客观翔实的记载。[5]有西方学者认为《远东国际关系史》的出版满足了西方学校教学的需要，虽然这部书的目的是阐明近百年来中国对外关系的重要阶段，但是它的价值绝不局限于国际关系史的课程，对于其他相关历史学科同样具有参考价值。[6]西方学术界对于这部著作的评价颇高，认为这是一部"独一无二、富有价值以及充满趣味的著作"，叙事"详尽且清晰"。[7]

三、宓亨利对华贡献

（一）充任外交使者

李定一在论及美国来华传教士时曾指出："这些在华美国传教士的工作，对于中国的影响极其广大深远，是任何研究中国百余年历史的人所不容忽视的事实。……中美两国关系密切，有着传统的友谊，追本溯源，美国在华传教事业是造成这种'印象'的主要原因之一。"[8] 1941年底珍珠港事件爆发后，中国成为美国在亚太战场的最大盟友。除了经济、军事交流，在文化上的交流也日渐频繁。美国于1942年1月设立了对华关系处，全面负责战时与中国的文化学术交流，中美学者的互换交流是重要项目之一。1943年，在宓亨利的主持安排下，中国学者费孝通等应邀到芝加哥大学参加了题为"自由中国"（Unoccupied China）的论坛，并就中国抗战以来的情况展开了讨论。论坛结束后，宓亨利将中西学者的部分演说和讨论整理、集结为《来自自由中国的声音》（*Voices from Unoccupied China*）一书，第二年由芝加哥大学出版社出版。宓亨利组织召开的中美学术交流论坛，为中美外交关系的发展做出了贡献。

（二）传播中华历史文化

1926年，宓亨利离华回国，继续从事教育事业。1927年，宓亨利担任华盛顿州立大学远东史副教授。1928年，宓亨利任职于芝加哥大学历史系，担任历史系系主任。回到美国后，宓亨利将自己在中国多年的所见所闻真实客观地讲述给美国学者及学生们，向他们介绍中国历史和文化，批评和指正了早期研究中国的一些不实论著。事实上，宓亨利关于中国的很多著作在西方学术界具有广泛影响,尤其是他与马士合著的《远东国际关系史》一书,成为研究远东国际关系以及近百年来中国对外关系的重要参考书,并成为许多高校的参考教材。宓亨利对中国文化的传播,使西方学者对中国有了更准确的认识,从某种程度上激发了西方对汉学研究的热情和兴趣,促进了汉学在海外的发展。

(三)推进中西学术交流

1946年,由宓亨利主编的《中国》(China)一书由加州大学出版社出版,该书被列为联合国丛书之一。宓亨利在序言中说,他希望这本《中国》除了服务于丛书的总目标之外,还能体现学界有关这个有着数千年历史的文明古国的最新研究成果。为了实现这一目标,宓亨利邀请了三十三位国内外著名专家、学者,其中十一位来自中国,二十二位来自西方,共同完成该书的编写工作。《中国》作为一次成功的集体合作,促进了中西学者的学术交流,集中展示了汉学研究在美国的新进展。

四、结语

作为虔诚的新教徒,宓亨利来华传教,并任职于上海圣约翰大学。在华期间,宓亨利通过多种方式、从不同角度了解中国,分析和研究中国的历史发展进程和相关社会问题。宓亨利回国后继续研究中国,撰写和出版了多部著作,对西方学术界产生了一定影响。宓亨利推动了中国文化的"西方传播",其研究成果有助于西方学者了解汉学。

参考文献

［1］赵晓阳：《美国学生海外志愿传教运动与中华基督教学生立志传道团》，《宗教学研究》，2008年第3期。

［2］陈恭禄：《远东国际关系史》，《国立武汉大学文哲季刊》，1934年。

［3］孙长芳：《论马士〈中华帝国对外关系史〉及其影响》，华东师范大学2015年硕士毕业论文。

［4］［美］马士、宓亨利：《远东国际关系史》，姚会廙译，商务印书馆，1975年，第3页。

［5］孙长芳：《论马士〈中华帝国对外关系史〉及其影响》，华东师范大学2015年硕士毕业论文。

［6］孙长芳：《论马士〈中华帝国对外关系史〉及其影响》，华东师范大学2015年硕士毕业论文。

［7］Blakeslee, George H., Far Eastern International Relations by Hosea Ballou Morse; Harley Farnsworth MacNair., *The American Historical Review*(1929), pp.844-846.

［8］李定一：《中美早期外交史（一七八四年至一八九四年）》，北京大学出版社，1997年，第66页。

拉铁摩尔:中国边疆论的构建者

拉铁摩尔以研究中国边疆而著称,其中国边疆论在世界范围内产生了深远影响。在传统研究基础上,他介绍了地缘政治、环境论及国际关系视角。拉铁摩尔梳理了20世纪三四十年代的中国学术史,立足"边疆"空间与结构,重构了中国知识图景。

一、拉铁摩尔简介

拉铁摩尔(Owen Lattimore,1900—1989年)生于1900年,不到1岁就随父母来到中国,其父母曾任教于天津的南开大学。1901—1905年,他生活在上海,1905—1912年在直隶保定府度过。1912年,拉铁摩尔随母亲去瑞士求学,1919年回到中国。1925年,在别人建议下,他离开洋行之前到北京暂时负责洋行的"外交"办事处,多次同政府官员打交道、签订合同。[1] 1926年,拉铁摩尔辞去洋行职务乘火车去归化城,开启了内蒙古之旅。1929年秋至1930年夏,拉铁摩尔夫妇在东北开展了近一年的田野考察。1930年夏,拉铁摩尔携妻子从东北回到北京。1930年至1933年,拉铁摩尔担任了《太平洋事

务》(*Pacific Affairs*)的编辑,他及时、敏锐地洞察到了中国的时局变化。 1937
年,拉铁摩尔和几位助手从北京出发到陕甘宁革命根据地。拉铁摩尔十分
赞赏中国共产党的民族政策。1941年,美国总统罗斯福任命拉铁摩尔担任
蒋介石的政治顾问。拉铁摩尔准确判断了中国战场的形势和前景,向蒋介
石提出了很多中肯的建议。新中国成立后,拉铁摩尔认为美国应该承认中
华人民共和国,劝阻美国不要干涉中国内政,其政治观点在当时东西方阵营
冷战的背景下受到了美国保守派的打压和迫害。他后来访问中国时受到了
周恩来的接见。拉铁摩尔于1989年5月30日逝世,享年89岁。

二、拉铁摩尔中国边疆理论的形成

19世纪20年代初,拉铁摩尔因工作需要经常到中国北部边疆地区,奠定
了他游历北方和"内亚"边疆理论的基础。多次走访中国北疆后,拉铁摩尔
对中国边疆产生了浓厚兴趣,他曾坦言"终日忙于公务,难免感觉枯燥厌倦,
莫不如借此时机研究一下中国,于是我开始投入到中国学这个领域中"[2]。
1926年,拉铁摩尔辞职,专心从事中国边疆地区的研究工作。他曾经从北京
来到内蒙古归化城,以骆驼为交通工具,跟随中国商队,沿途经过内蒙古额
济纳旗、黑戈壁,新疆乌鲁木齐,随后又前往沃诺西比尔斯克,途经穆萨特山
口和阿克苏前往喀什与叶城,辗转喀喇昆仑山和拉达克后抵达印度克什米
尔,后又从孟买前往罗马。拉铁摩尔的第一本著作《通往土耳其斯坦的荒漠
道路》(*The Desert Road to Turkestan*)就是他根据这次长途游历完成的。

1929年至1930年,拉铁摩尔携同妻子来到中国东北地区考察,根据这
段考察经历写下了另一部著作《满洲:冲突的摇篮》(*Manchuria: Cradle of
Conflict*)。铁摩尔意识到了蒙古研究对中国边疆研究的重要性,他在考察东
北地区闲暇之余开始学习蒙古语,以便更好地和蒙古当地人交流。为了继

续深入研究蒙古问题,还结识了一位蒙古族领袖,并向其寻求帮助。后来,拉铁摩尔又多次深入内蒙古及其周边地区进行了实地考察。1934年,拉铁摩尔担任美国《太平洋事务》期刊主编,在游历和考察了内蒙古一带后写下了《中国的亚洲内陆边疆》(*Inner Asia Frontiers of China*)。这是一部边疆史研究的集大成之作。拉铁摩尔在该书中指出:"从太平洋到帕米尔高原,又从帕米尔高原南下,到达分隔中国与印度的高寒地带……这是亚洲中部的分隔地带,世界上最神秘的边疆之一。"[3]实地考察了这些地区后,拉铁摩尔了解了该地区的历史、地理、政治,形成了"内陆亚洲"的独特视角,敏锐地意识到了内陆亚洲在中国历史发展中的重要作用。在拉铁摩尔看来,中国北疆犹如一块移动的"殖民地",被沙漠和崇山峻岭分割——这种地理界线比海洋的阻力要大得多。中央政府在这种地区会遇到诸多问题和挑战,不断迁入的外来拓荒者和移民与当地少数民族的关系也处在微妙的动态平衡之中。

拉铁摩尔的中国边疆理论有一个显著特点,即重视牧业社会的影响,将其纳入中国史研究的整体范畴。他认为如果想把历史发展的主要动力仅归于一方,或是中国内地,或是草原,或是草原边境,都是不正确的。传统中国史研究重视农业社会,拉铁摩尔的著作与传统研究有两个重大区别:一是对影响中国历史的地理空间进行了重新定位。他将中国的视野扩展到草原、沙漠、山地森林和绿洲,尝试在内陆亚洲这一宏大的场景中研究中国历史,阐述游牧民族与汉族之间密不可分的历史联系。二是拉铁摩尔依据"华夷平等"的观念,将游牧社会与农业社会置于同等的历史话语中进行考察。他认为,"中国人"在精耕农业的环境中淘汰了一些汉族祖先同族的"落后"部落,逐渐形成了草原社会。这种观念有悖于当时中国的历史观念。

三、拉铁摩尔边疆理论下的中国观

拉铁摩尔在中国边疆理论上做出了重要贡献,他认识到中国的统一性来自农业社会与游牧社会的互补共生关系。拉铁摩尔并非简单地关注游牧社会的重要性,而是将视野放大到游牧社会与农业社会的过渡地带,以及这一地带如何成为中国历史变革的动力源头。他对这一过渡地带的关注,起源于他对长城的认识。他发现长城对汉族而言是边缘,对整个亚洲内陆来说却是中心。拉铁摩尔没有局限于当时流行的民族国家观念,没有将"中国"防御北方游牧民族的"长城"作为民族国家的"边界线",而是将其视为一个广阔的边缘地带。拉铁摩尔认为,长城本身是历代相传的伟大政治努力的表现,它要保持一个界线,明确地包括中国"天下"内的土地与蛮夷之邦。事实上,长城有许多不同的、交替变化的附加路线,这些变化可作为各个历史时期进退的标志来研究。这说明边界概念不能成为绝对的地理事实,政治上所认定的明确的边界,却被历史的起伏演变成一个广阔的边缘地带。

拉铁摩尔明确指出中国的统一来自混合力量,既非仅来自内地汉族社会,也非仅来自游牧民族,而是二者融合的力量。这就是长城——中国的边疆地带。拉铁摩尔将这一地带称为"贮存地"。

拉铁摩尔主张恢复游牧社会历史的主体面貌,统一游牧社会与汉人社会历史,思考"大中国"历史观,构建了文化多元主义下"大中国"的统一叙述。[4]拉铁摩尔的文化多元主义边疆理论对中国疆域理论产生了重要影响。

四、拉铁摩尔边疆理论的现实意义

总体而言,拉铁摩尔的中国边疆理论的现实意义可以概述为以下两个方面。第一，他指出"中国"有自己历史发展的独特性，是一个民族、空间、文化、语言的复合体，其边界时常并不吻合。通过对边疆的研究，拉铁摩尔认识了中国这一具有东方特点的国家性质，似乎无意中感悟到"西学东渐"背景下应该用"民族国家"知识解释中国话语体系。第二，他承认中国历史具有互动性，内部具有竞争、共生与融合，是一个多层级"复线"的历史发展过程。游牧社会与内地社会既是一个有机的不可割裂的整体，又各有自己的历史表述，这促使他开始了文化多元主义的边疆理论研究。"边疆"研究要区分国家的"政治边疆"与"文化边疆"，认识到少数民族在边疆开发中的不可忽视的主体性地位和作用。同时，"共生互补"关系也有助于丰富中华民族关系理论，为研究中华民族关系提供了一个新视角。

当然，拉铁摩尔的中国边疆理论也并非没有瑕疵。比如，他关于中国历史的观察并没有完全脱离西方观念的影响，如将汉人进入边疆，称为"侵入"。同时，他在研究中国历史内在动力的变化中过于强调内陆边疆因素。他认为边疆有草原、山地与绿洲等多种形态，重视边疆的复杂性和多样性，但是他对内地社会的分析相对于边疆则明显逊色，对内地社会复杂性的分析和认识不够。此外，他的边疆叙述也并不完整，除了"北"边疆外，内地社会还存在一个"南"边疆，内地农业社会也面临着边疆碰撞与交融。另外，拉铁摩尔重点研究了边疆经济形态，对游牧社会和内地农业社会的文化思想触及不多，影响了其研究的深度。拉铁摩尔的研究带有浓厚的地缘政治色彩，我们应该引以为戒。

总之，拉铁摩尔对中国边疆的研究在世界范围内产生了深远影响。他在传统学术研究之外引入了国际学界的地缘政治、环境论及国际关系研究视角，更为清晰地揭示了当时学界在相关问题上的通性与分化，从中心和边缘关系的角度梳理了20世纪三四十年代的中国学术史，勾绘出了一幅凸显"边疆"空间与结构的中国知识图景。虽然拉铁摩尔的理论存在许多缺陷，其研究方法也略显过时,但他给我们带来了巨大的思想冲击和启迪。

五、结语

随着中国"一带一路"建设的推进和边疆研究的逐步发展与深化,拉铁摩尔和他的中国边疆研究及"内亚理论"具有很大的研究价值。在新时代的起点上,我们在关注中国、研究边疆、认识中国与世界关系的过程中,仍然需要这位拓荒者与思想者的启示,需要这位实地考察者的勇气和精神,需要他所秉承的那份梦想与坚持。

参考文献

[1][日]矶野富士子整理:《蒋介石的美国顾问——欧文·拉铁摩尔回忆录》,吴心伯译,复旦大学出版社,1996年,第16页。

[2][日]矶野富士子整理:《蒋介石的美国顾问——欧文·拉铁摩尔回忆录》,吴心伯译,复旦大学出版社,1996年,第35页。

[3][美]拉铁摩尔:《中国的亚洲内陆边疆》,唐晓峰译,江苏人民出版社,2005年第156页。

[4]黄达远:《边疆、民族与国家:对拉铁摩尔"中国边疆观"的思考》,《中国边疆史地研究》,2011年第12期。

顾立雅：还原真实孔子形象的倡导者

　　顾立雅主要研究中国古代思想史，尤其以研究孔子及儒学著称。他的孔子研究极具特色，在中国汉学界广为人知。顾立雅研究孔子时，始终坚持在具体的历史链条中还原真实的孔子。顾立雅将孔子的思想理论同其人格形象及当时的历史环境联系起来，在谈到孔子的教育思想和政治思想时，顾立雅并非孤立地看待这些理论，而是坚持"在历史背景中还原真相"的原则下将各部分理论有机联系起来考虑，这对如今学界对孔子的研究具有重要的参考意义。

一、顾立雅简介

　　顾立雅（Herrlee Glessner Creel, 1905—1996年）是美国芝加哥大学教授，曾任芝加哥大学东方语文系主任、美国东方学会会长、亚洲研究协会的会员等，主要研究孔子和中国文化教育，对现代研究孔子的汉学家影响巨大。《新不列颠百科全书》（*The New Encyclopedia Britannica*）的编者曾把他的《孔子与中国之道》（*Confucius and the Chinese Way*）作为研究孔子或孔子哲学的一部主要参考书。

　　顾立雅的汉学研究主要集中在中国早期文明和中国古代思想两方面。欧洲汉学家对中国早期文明的研究起步较早，顾立雅是美国汉学研究中最早的倡导者。他最早将中国史前及商周文明介绍到美国，将这一研究引入到美国汉学界。当时很少有美国学者关注汉学，而且中国考古发掘的结果基本上都是汉语发表的，西方人对此难以接近，因此美国人对中国古代社会和文明知之甚少。顾立雅的主要著作包含《中国的诞生》（*The Birth of China*）和《中国早期文明研究》（*A Study of Early Chinese Civilization*）。前者生动地描绘了美国人所陌生的中国早期社会，曾经激发了很多美国人从事汉学研究的兴趣；后者为以后研究中国古代文明的美国汉学家提供了可参考的重要资料。可以说，顾立雅为之后的汉学家以确实的考古资料研究中国古代文明起到了表率作用。

二、顾立雅对孔子教育思想的研究

　　作为芝加哥大学的教授，顾立雅出于职业的敏感度，对孔子的"教师"身份着墨甚多。顾立雅没有把孔子定位成"教育家"，而是"教师"，这让孔子变得让人容易亲近。顾立雅形象鲜明地描述了孔子的教师形象，他对孔子教育思想内涵的挖掘对当时美国学界具有深远意义。

　　一些学者认为，孔子的教育思想体系以"强调记忆，抑制学生的思维能力发展，使学生墨守成规，复古守旧"为特征，旨在维护当时的传统的秩序。顾立雅完全反对这一观点，他从孔子的教育对象、教育目标、教育方法、教学内容等方面对孔子的教育思想作了新的论释。他认为在孔子以前，学校都是国家开办的，旨在培养贵族治理国家的能力，帮助他们传宗接代、恪守旧章。孔子打破了贵族垄断教育的局面，改革了当时社会政治，在中国教育史上首先大规模开办私学,招收许多非贵族出身的学生,培养他们从政的能力,"无论是贫穷还是卑贱的出身,都不会成为跟随孔子学习的障碍"[1]。顾立雅认为,孔子所创办的私学制度,开辟了私人讲学的风气,影响了当时和以后的政治改革、学术发展。

在谈到孔子的教育目标时,顾立雅从根本上反对把孔子看作守旧、反动的代表,其目标是"在于复古或支持贵族的统治"的说法。他认为孔子所寻求的是对当时的社会和政治进行彻底的改造,孔子基本上是一个革命者,试图对当时社会进行不流血的"革命"。他认为孔子的教育目标具有实用性,但并不是狭隘的实用主义。尽管孔子教育的目的是塑造良好的政府,但这并不意味着教育的最终结果只是培养称职的官吏,而是希望培养"知、不欲、勇、艺、文之以礼乐"的全面人才,促进"社会合作和人民幸福"。这是孔子教育的终极目标。而要达到这个目标,简单重复过去是不够的,只能将学生培养成为他理想的人格——君子,去改良当时的社会。顾立雅提到了一个关键词——君子,而孔子的教育对象和培养目标在当时的进步性主要体现在"君子"内涵的转换上。顾立雅把"君子"翻译成"绅士",他认为这两个名词基本上是一致的,原指出身于上层社会的人,但现在一般是指举止得体和有修养的人,与人的出身没有多大关系。顾立雅认为"君子"的原意是"国君之子",世袭的贵族,孔子改变了君子的特点,不是看出身,而是看他的品质和能力。孔子强调学而优则仕,不论出身,有贤则举,打破了当时世袭贵族的垄断地位,使一般民众都有成贤的机会和参与政治的能力,这也反映了孔子进步的民主精神。

顾立雅在谈论孔子的教学方法时,引用了《论语》的很多例子,强调孔子在以上教育目标的指导下,采用了独一无二的启发式教学。所以孔子的方法是"因材施教"——按学生的兴趣和能力指导教学。他主要使用了提问的方法,不拘形式地指导个人和集体讨论,并非以强迫命令的方法让学生死记旧章或强迫学生接受他的意见。如果旧的典章礼教不合时宜和对人不利，他就勇敢地批评和改革。如果他的意见不对时，他也能坦白承认自己的过错和无知。顾立雅比较了墨子和孔子，强调孔子以平易近人的态度对待学生，鼓励正确的做法，摒弃了墨子硬性惩罚犯错误的学生的方法。

顾立雅认为孔子的教育思想，包括关于教育目的、对象、内容、方法等都体现了鲜明的民主主义思想。孔子的民主思想不可能和现代民主主义思想完全相同，但至少可以说孔子是"民主主义的先驱"，为民主主义开辟了道路。孔子这种民主思想影响了中国两千多年中的多次政治革新或革命运动，如宋朝王安石变法和近代辛亥革命等。孔子的民主思想也影响了西欧和美国民主思想的发展，如孔子哲学影响了以法国大革命为代表的民主浪潮，孔子哲学通过法国大革命的民主浪潮间接影响了美国民主政治的发展。

三、顾立雅对孔子教育思想的研究

在中国，孔子通常被视为保守主义者，甚至还有人说他的首要目的是复古和增强世袭贵族的政治权威。顾立雅却反对把孔子看作守旧、反动的代表。他认为孔子是一个"革命者"，主张彻底改造当时社会和政治，对当时的社会进行不流血的"革命"，当时盛行的世卿世禄的政治制度最终在中国消亡了。顾立雅认为："对于这一制度的崩溃，孔子的贡献大于任何人。"[2]

顾立雅认为孔子的政治立场具有进步性。首先，他极力反驳"孔子复古"的说法。比如，孟子认为孔子的学说继承了古代帝王尧、舜和禹的思想。顾立雅否认说，在《论语》中，很少提到这些帝王。他认为早于孔子的任何书籍和金文中都未提到过尧舜，首次出现在《论语》中。所以这些上古人物的故事是孔子之后发展起来的，孔子思想不可能源于这些帝王。他甚至还提出尧舜吸收了孔子思想的看法，当然这种说法有待商榷。顾立雅通过研究得出的结论是:后人从周公思想中寻求到了孔子的思想,从而认为孔子有复古之疑。但是这并非孔子自己的追求,因此可以排除这种嫌疑。

其次,对于如何理解孔子的政治思想,顾立雅认为应该考虑当时的社会时代背景,"每种政治哲学都体现了思想者所处的政治环境"[3]。这也再次体现了顾立雅坚持在当时社会环境中讨论孔子思想的原则。时代背景是比较复杂的,一是当时的文化背景。顾立雅认为,崇敬古人是中国古代很普遍的现象,时尚就是尚旧。这样比较起来,孔子显然没有盲目献身于传统,他认识到了人类种种制度的发展和变化,并且准备接受这些变化,因此他是进步的。顾立雅举例说:孔子说"行夏之时,乘殷之路,服周之冕"——使用夏朝的历法,乘殷朝的马车和戴周朝的礼帽。但孔子并非劝告遵从古人,而是作出了一种实用选择。顾立雅由此说孔子不是一个盲目崇古的人,而是一个有选择的传统主义者。顾立雅对于康有为所认定的孔子"托古改制"的想法表示了怀疑。与后来问世的以及一些可疑的著作中所塑造的孔子相比,《论语》很少谈到古人,可见孔子并没有吸收传统思想,而是发展自己的革命性思想。二是当时的社会背景。普通大众深受压迫,几乎没有任何权利,统治者任意奴役大众,而大众的反抗方式只能是举行偶尔的但无效的起义。统治阶级自身也是战争的受害者,国君和权臣都是世袭贵族的后裔,大都成为家族颓废堕落的牺牲品,这造成社会不关心人的尊严和幸福。孔子具有于他人的理想:他决心为改造好这个世界而献身,孔子所构想的最高政治之善是人的幸福。

顾立雅认为,孔子并非从纯理论层面探讨国家问题,而是在讨论政治改革。那么孔子改革的途径和手段是什么呢?顾立雅认识到孔子的改革以维持君主统治为前提,其改革的重心是培养贤臣。孔子希望通过培养贤臣来影响君主,达到改革当时政府的目的。培养贤臣的途径是教育,这也是孔子为何如此关注教育的原因。至此,顾立雅为孔子的政治思想和教育思想找到了结合点。顾立雅认为，孔子开创私学的宗旨是为实现其政治理想而服务的。匡亚明在《孔子评传》中也提出了类似的观点，他认为孔子的政治主张是"仁政""德治"，实现这个政治主张的力量是"国君""贤臣"和"良民"。他认为国君是既定的和神圣不可侮的，即使君王无道，推翻他取而代之，也是不忠、无礼的表现，良民人数虽多，但他们是施政的对象，孔子认为只有贤臣才是经过自己主观努力可以改善和培养的重要环节。孔子的教育是实现政治理想的方法和手段，其目的是"学而优则仕"，最终是要通过这样的教育培养齐家、治国、平天下的优秀人才。他们能参与政治改革，改变春秋时期所谓"天下无道"的局面，实现"老安""少怀""友信"的理想社会。顾立雅认为孔子不仅培养学者，还训练治世能人，他不是教书，而是教人。顾立雅也承认，孔子的政治体系的弱点是显而易见的。从终极意义上来说，良好的政府依然要依赖君主，因为他们掌握着最高权力。因此，孔子的政治思想和社会现实存在着无法弥合的裂缝。

顾立雅对孔子的研究独具特色。在整个研究过程中，他一直在具体历史背景中还原真实的孔子。在研究方法上，他没有单纯地剖析孔子的思想理论，而是将之与孔子的人格形象和具体的历史背景结合起来。在谈到孔子的教育思想和政治思想时，顾立雅也并没有孤立讨论，而是将孔子思想置于自成一体的理论体系中进行考量，这样的研究更符合客观实际。

四、结语

在顾立雅的所处的时代，美国真正意义上的汉学研究尚处于起步阶段，汉学家进行研究的环境和条件很不理想，顾立雅在此条件下对孔子思想的杰出贡献实属不易。1978年，芮效卫和钱存训主编了《中国古代论文集》，这是为庆祝顾立雅70岁生日而编纂的。其前言很好地说明了顾立雅的汉学努力和成果,"从1929年顾立雅的第一本书出版到现在,他一直处在汉学学术界的前沿。近五十年来,他一直在出版汉学方面的书,但他主要的著作都还在出版,他的著作的价值是持续的"。在研究孔子思想的过程中,顾立雅一直强调自己的原则,这就是揭开历史的面纱,重现真实的孔子。他始终认为一种思想的发展过程必然体现了很多后人的理解,起初的真相因此变得愈加模糊起来。正是基于这种担忧,他在对孔子的研究过程中始终坚持从源头上探寻真相的基本宗旨和方式。这也贯穿在他对申不害和道家的研究中,就这一点而言,他的研究精神是一致的。这也是他作为一名学者的鲜明特点,他敢于挑战"定论"和勤于探索的精神值具有重要意义。

参考文献

[1]匡亚明:《孔子评传》,南京大学出版社,1990年,第23页。

[2][美]顾立雅:《孔子与中国之道》,高专诚译,大象出版社,2000年,第67页。

[3]胡适:《中国哲学史大纲》,商务印书馆,1987年,第11页。

史华慈：美国研究中共党史的创始人

　　史华慈是美国著名的汉学家，深入研究了中国很多领域。他对中国政治和经济研究尤为深入，尤其是对毛泽东思想在西方世界的传播起了重大作用。他还是美国汉学研究的奠基人之一。其主要作品包括《中国共产主义运动与毛的崛起》（*Chinese Communism and the Rise of Mao*）、《寻找财富与权力：严复与西方》（*In Search of Wealth and Power：Yen Fu and the West*）和《古代中国的思想世界》（*The World of Thought in Ancient China*）等。史华慈"全方位"研究和探索中国和人类文明，对中国文化在世界范围内的传播产生了深远影响。

一、史华慈简介

　　1916年，史华慈（Benjamin I. Schwartz，1916—1999年）出生于东波士顿，1934年毕业于波士顿拉丁高中，升入哈佛大学。1938年，他获得了罗曼斯语文学学士学位，随后又获得了哈佛大学教育研究生院的文学硕士学位。 史华慈在语言方面极有天赋，掌握了英语、法语、汉语、德语、意大利语等十二种语言,这极大地帮助了他对中国问题的研究。[1]1942—1946年他在美国通信兵情报部门服役,拦截日本信息。战争结束后,史华慈回到哈佛大学,开始研究中国语言、历史和政治,获得了区域研究硕士学位。1950年,他获得历史学和远东语言学博士学位,同年,到哈佛大学政治系和历史系工作。1975—1987年,他退休后一直担任哈佛大学历史与政治学莱劳伊·B.威廉士讲座教授。1979年,他被选为亚洲研究协会(Association for Asian Studies)主席。1998年1月,史华慈荣获美国历史学会学者荣誉奖。1999年11月14日,史华慈因癌症于马萨诸塞州剑桥市家中去世,结束了他辉煌的一生。

二、史华慈与中国

在当代中国研究领域中,史华慈被认为是美国的中共党史研究的创始人。其著作《中国共产主义运动和毛的崛起》对西方了解中国共产党和中国特色马克思主义理论及其实践有着重大影响。他坚持以文献研究为基础,并指出毛泽东思想路线与苏联革命思想路线的区别和分歧,足见他极强的预见性。[2]在中美建交过程中,他向美国国会提出了重要的意见和建议,促进了中美建交的顺利进行。[3]他也是美中关系全国委员会(National Committee on United States–China Relations)的首批成员之一。

作为哈佛大学政治系和历史系教授,史华慈从20世纪50年代起研究中国思想史,他对严复的研究被认为代表了西方研究严复的最高成就。20世纪80年代,他出版了《古代中国的思想世界》一书,该书被认为是西方研究中国古代思想权威著作之一,被翻译成中文,在中国学术界引起了强烈的反响。

三、史华慈的中国思想研究

史华慈是哈佛大学的一名教授,1987年从哈佛大学退休。1983—1984年,史华慈担任费正清中国研究中心代理主任。1990年,《跨文化理念:中国思想论文集》出版问世,该书主要是他对中国的研究。他研究共产主义的第一本著作是《中国共产主义运动与毛的崛起》,此书在西方学术界首次提出了"毛主义"的学术范式,标志着西方毛泽东研究从"新闻传记"走向"学术论证",具有很高价值。[4]他的《共产主义在中国:变化中的意识形态》(*Communism in China:The Changing Ideology*)于1968年由哈佛大学出版社出版。1996年,他完成了《中国与其他问题》(*China and Other Issues*)一书,该书共收录十八篇论文,由哈佛大学出版社出版。

史华慈谈到了他对思想领域的兴趣源自他的博士论文和《中国共产主义和毛泽东的崛起》。这本书确立了他研究中国共产主义的地位,至今具有重要意义。美国学者普遍认为,中国共产党是苏维埃政权的延伸。史华慈却认为毛泽东领导的中国共产党取得了胜利,摒弃了苏联的计划经济,毛泽东思想是马克思主义的"异端"。[5]毛泽东发现,很多共产党领导人多次在中国城市发动了起义,但是均以失败告终,中国真正的革命力量是贫困的农民。美国发动朝鲜战争后,这个话题引起了极大的关注。对史华慈来说,毛泽东的共产主义是一种政治思想,具有鲜明的本土元素,需要在现代思想的大背景下进行考察。

史华慈是《人民日报》的忠实读者,在一系列精辟的文章中评论了中国共产党的学说和政策演变。1964年,他的第二本著作《寻找财富和权力:严复与西方》由哈佛大学出版社出版,进一步提升了他在中国思想史研究领域中的权威地位。在此书中,史华慈回顾了约翰·斯图亚特·密尔、达尔文和赫伯特·斯宾塞的翻译。他以独特的角度和方法,使人们重新认识了严复作为西方思想评论家的一面,有助于我们深入研究中西文化交流。他在书中写道,严复是一名清末传统绅士,是将欧洲作品翻译成中文的第一人,其翻译旨在探究西方先进思想和文化。

史华慈还讲授东亚思想史和中国政治,开展了宋代思想研讨会。他思想敏锐,认识到语境在塑造思想中的重要性,但他拒绝接受人类所关心的问题存在不同历史文化背景下具有难以弥合的差异的观点。他认为不同文化是由共同的元素组成的,却形成了不同的化合物。他不满足于简单的本质主义,对独特的根源和深度感兴趣。因此,他试图比较中国古代思想与其他古代世界,确定和理解早期中国传统。这一努力旨在将中国早期的洞见、发现和理论置于更大的人类学中,了解和处理人类状况,这也是史华慈为之奋斗的目标。晚年时期,史华慈回归到了中国历史研究。1985 年,他的《古代中国的思想世界》一书出版;该书是史华兹多年思考和研究中国思想的结晶。

四、结语

史华慈对犹太文明、基督教文明、印度文明、儒家文明等都有深入研究,他主张人类文明的平等和互动交流。他反对文化沙文主义和西方中心论。他尤其希望通过深入研究中国文明,深化、丰富人类发展经验。[6] 作为一名杰出的汉学家,他在近五十年的学术生涯中,从事过中国近现代史、中国近代思想史、中国先秦思想史的研究,其著作在三个领域影响深刻,他的作品曾获亚洲协会列文森奖(Joseph Levenson Book Prize)、美国历史学会詹姆斯·亨利·布里斯底特奖(The James Henry Breasted Prize)和爱默生奖(Ralph Waldo Emerson Award)等多项学术大奖。[7] 史华慈博士对中国文化的研究以及对人类文明的思考是后人宝贵的财富,影响了中国文化在全世界范围的传播。

参考文献

[1]朱政惠:《史华慈的中国学研究》,《历史教学问题》,2003年第1期。

[2][美]田浩:《史华兹小传》,罗新慧译,《开放时代》,2001年第5期。

[3]朱政惠:《史华慈的中国学研究》,《历史教学问题》,2003年第1期。

[4]沈金霞:《史华慈的"毛主义"及其毛泽东研究》,《湖南科技大学学报》,2007年第1期。

[5]沈金霞:《史华慈的"毛主义"及其毛泽东研究》,《湖南科技大学学报》,2007年第1期。

[6]佚名:《史华慈:汉学家,也是思想史冒险家》,《东方早报》,2006年12月。

[7][美]田浩:《史华兹小传》,罗新慧译,《开放时代》,2001年第5期。

费正清:现代中美关系史研究的开创者

作为美国的本土哲学,实用主义受到美国各界领导精英的推崇,也在不同时期主导着美国外交政策。费正清作为现代中美关系史研究的开创者、中美问题专家,在研究中秉承了实用主义的观点。笔者将具体阐述不同时期费正清在其研究中所体现的实用主义特点和对中美关系的影响,从而使研究者能更为客观与理性地评价费正清与他的汉学研究。

一、费正清简介

费正清(John King Fairbank, 1907—1991 年)——西方现代汉学之父,1907 年 5 月 24 日出生于美国南达科他州,早年曾立志跟随其父从事教会工作,后受其母亲的影响,考入华盛顿大学法学院学习法律,随后赴牛津大学从事东亚研究。费正清是哈佛大学东亚研究中心(Fairbank Center for Chinese Studies)的创始人,著有《美国与中国》(*The United States and China*)、《伟大的中国革命(1800—1985 年)》(*The Great Chinese Revolution 1800–1985*)、

《观察中国》(*China Watch*)及《中国：传统与变迁》(*China：Tradition and Trans-formation*)等，主编《剑桥中国史》(*Cambridge History of China*)。其一生学术成绩斐然，桃李满天下，曾五次出访中国，是美国最负盛名的中国问题专家和中国近现代史研究领域的泰斗。

费正清所处的年代正是现实主义主导美国外交的时代，现实主义是实用主义哲学在国际关系领域的一次应用。实用主义在美国有深刻的历史文化根源。1878年，美国学者皮尔斯率先提出实用主义哲学，威廉·詹姆士、约翰·杜威等学者进行传承，并将其发展成为古典实用主义(Classical Pragmatism)。威廉·詹姆士曾强调："实用主义并不像有些人责备的那样，把目光只放在眼前直接实用的地方，它同样关注世界最遥远的前景。"[1]这句话表明美国日后推崇的全球霸权主义(Global Hegemonism)也根植于实用主义。20世纪30年代前，实用主义在美国哲学界已占主导地位，到了20世纪40年代后期，实用主义观点与实证主义互相渗透，形成了新实用主义(New Pragmatism)。[2]

美国实用主义哲学可归纳出以下四个鲜明的特点：①信念指导行动，实用主义哲学是行动哲学；[3]②缺乏意识形态的束缚，行动不受规定分明的道义、伦理原则的指导；③有用即真理，善于妥协，灵活变通，善于使自身的观点适应正在变化的现实；④利益至上的原则，新实用主义认为，当代的国际关系特征是竞争与冲突，为了确保本国的利益，一定的势力争斗是必要的，为了扩大本国的势力，有必要持续削弱对手实力或阻止其力量的增长。[4]费正清在理论上遵循实用主义哲学，在政治外交观点上，又很好地迎合了美国现实主义，其研究不可避免地会偏向美国的外交利益。下面将从如下方面阐述费正清汉学研究中的实用主义的特点。

二、费正清对文化的独特理解和"中国学"的提出都根植于实用主义哲学

文化（Culture）一词的含义极其广泛，包罗万象，而费正清把文化具体化、实用化，并视其为一种工具。他认为文化是经济、政治、社会结构、价值观念和社会其他方面的相互作用的总框架。费正清明确划分了中西文化，认为前者是消极的、滞后的；后者是积极的、进取的。面对中西文化碰撞，费正清主张用文化避免和解决冲突。他认为："西方人和中国人之间的和谐关系需要以相互理解作为基础。"[5]文化理解论也是他研究中国历史和中美关系的基础。

1936年，费正清获得牛津大学博士学位，后回到哈佛大学教授中国历史。当时西方学术界没有真正意义上的汉学，对中国的研究还局限于中国语言和文化。这纯粹是一种象牙塔式的学问，往往脱离现实且过于单一，大大降低了其实用性与社会价值。美国著名新闻记者白修德曾指出："哈佛大学东方系的那些老派汉学家们认为，1799年乾隆去世后，东方历史便已宣告结束。"[6]那时的汉学更像是一种考古研究。

费正清的学术思想与实践理念则与他们完全不同，他把传统汉学与中国国情和世界形势结合起来，开创了"中国学"（Chinese Studies）。费正清认为除了传统文字、文本的研究，"中国学"还包括政治、社会、经济、科技、文化、教育、出版、信仰、性别研究及周边关系等领域，举凡与中国有关的课题，纵及古今，横跨中外都可以是"中国学"的范畴。[7]费正清没有系统地阐述过他的学术思想，在主观上，他对理论存有戒心，不愿在研究中构建复杂的理论体系。他的学术理念可以概括为：不相信理论，只信任模式。作为现代"中国学"的开拓者，他建立了研究现代中国的基本模式，包括广为人知的

"冲击—回应"模式（Impact-Response Mode），这一模式长期主导着中国研究，但也因代表着西方利益和突出西方至上的观点而饱受诟病。费正清创建"中国学"的宗旨是"研究应当具有实际的效用"，"学者的责任不仅在于增加知识，而在于教育公众，在于影响政策"。[8]他认为学术研究应该符合国家的需要，并把自己的理论和美国外交政策紧密结合起来，以美国利益来决定研究领域。这是他的理论与传统汉学的区别，也是实用主义哲学的体现。

三、对中国国情与中美关系大局的准确把握

早在20世纪20年代在哈佛大学求学阶段，费正清就利用中国故宫博物院收藏的一手文献研究中国历史，其一生共在五个不同时期访华，可以说他比同时代的其他学者更了解中国。1932年，费正清首次来华，在清华大学从事了长达四年的教学和研究工作。太平洋战争爆发之后，费正清被美国国务院派驻重庆，他以战时美国观察员的身份深入了解了中国政治。抗战结束时，费正清发现国民党政府渐渐失势，不能维持中国内部秩序，他果断反对美国扶蒋反共的政策，希望美国政府主动接触并承认中国共产党。他声称，美国政府必须承认中国共产党，以此来拉拢中国共产党，使其不倒向苏联一方。[9]他试图说服美国政府与中国洽谈，使新中国也加入资本主义阵营，如此一来才能真正解决美国在东亚的后顾之忧。对比了中国国民党的一盘散沙与中国共产党强大的凝聚力后，他明白后者才是中国真正的主人。他以自由民主之名谴责中国国民党、支持中国共产党的做法源于他对国共两党的深入了解。朝鲜战争爆发后，他仍然坚持美国应承认新中国的观点。他深知，在外交上，没有永远的朋友，只有永远的利益。

新中国成立后，美国政府对中国采取了"遏制和孤立"（Containment and Isolation）的政策。20世纪50年代初，麦卡锡主义（McCarthyism）尤为盛行，

中美之间的敌对关系进一步加深,费正清从现实主义的角度出发,再次向美国政府发出重新审视中美关系的呼吁。但这一时期,费正清和他的"中国学"受到了打压,他转而埋头研究中国历史,以学者身份间接影响中美关系。1966年,美国国务院重新邀请费正清担任政府顾问。70年代,随着美国在越南战争中越陷越深,在国际社会日显无能为力,美国政府不得不重新考虑费正清的建议。毋庸置疑,费正清对中国国情的认识和对中美关系大局的洞察无一不体现了其背后的实用主义哲学,表现出他不受意识形态束缚的主张,行动不受规定的道义和伦理原则指导的态度,这正是实用主义哲学的具体体现。

四、"学术企业家"(academic entrepreneur)素质

与传统学者不同,费正清彰显了"学术企业家"的素质:务实而深谋远虑。作为一个实用主义的汉学家,费正清深知开展学术研究必须处理好政府、基金会和研究机构间的关系。1955年,费正清在哈佛大学成立了第一个东亚研究中心(Fairbank Center for Chinese Studies)。与此同时,他还任职于许多学术机构的组织部门,比如,担任亚洲问题研究会的主席及美国历史协会会长等。费正清担任这些职位的主要目的是宣传自己的工作并协调各方关系,为自己的东亚研究中心筹集更多基金。事实证明,在他担任主任期间,哈佛大学东亚研究中心一直资金雄厚,为其开创的"中国学"提供了经济保障。作为一个学派创始人,费正清没有任何门户偏见,他更像一个企业家,招揽各方人才,不带有任何偏见。费正清鼓励学生积极汲取前人的经验和研究成果并学以致用,最终出人头地。他渊博的学识和兼带实用主义的主张使他在西方学术界名声大噪。

五、结语

费正清既是学者,亦是政客,他的学术研究功利且实用,起到干预政治、影响舆论的作用,这也是他取得成功的一个客观因素。费正清的学术研究生涯常常充斥着矛盾,是服务美国国家利益,还是忠于学术研究这样的问题,常常使他陷入两难的境地。然而作为"中国学"的开创者,他的中国观体现了他对文化的实用的理解及对西方自由主义的态度,其贡献不可磨灭。对费正清实用主义哲学的探究,有助于我们更理性地把握后世美国汉学家的观点,更好地从全球视野辩证地审视和判断中美关系的起伏与波动。

参考文献

[1][美]威廉·詹姆士:《实用主义》,李步楼译,商务印书馆,2014年,第69页。

[2]涂纪亮:《当代美国哲学的发展趋势》,《教学与研究》,1980年第4期。

[3]徐海娜:《实用主义哲学与美国外交政策》,《理论前沿》,2005年第22期。

[4]张宇燕:《美国外交的现实主义》,《第一财经日报》,2012年8月6日。

[5]潘成鑫:《试论费正清关于近代中西关系的文化观》,《美国研究》,1996年第3期。

[6]李焯然:《从"汉学"到"中国学"》,《光明日报》,2015年4月14日。

[7]徐国琦:《略论费正清》,《美国研究》,1994年第2期。

[8]侯且岸:《费正清与美国现代中国学》,《史学理论研究》,1995年第2期。

[9]黎鸣译:《费正清自传》,天津人民出版社,1993年,第84页。

卜德:最早研究秦史的美国学者

20世纪美国汉学经历了从传统"汉学"到现代"中国学"转型的过程，汉学家德克·卜德正是这一过程的参与者与见证人。他在秦史研究方面具有开创性成果。下面从五个方面分析和总结了卜德的汉学研究，以期管窥20世纪美国汉学发展的状况与基本趋势。

一、卜德简介

卜德（Derk Bodde，1909—2003年），20世纪著名美国汉学家及中国历史学家。卜德1909年出生于上海，父亲为荷兰人，母亲是美国人。1919—1922年，卜德的父亲在上海一所大学教书，他因此在上海度过了四年时光。1931年，卜德获哈佛大学中国研究方向硕士学位，从此开始研究近代中国制度、历史、风俗等。1931—1937年，卜德受哈佛-燕京学社资助到中国北京进修，主攻中国古代思想制度史。1938年，他毕业于当时欧洲的汉学研究中心莱顿大学，获中国哲学博士学位，同年任教于宾夕法尼亚大学。1948年，美国成立了富布莱特项目，卜德成为首位接受一年奖学金的美国人，到北京从事研究。卜德在中国法律制度史编撰方面做出了开创性的工作，在中国思想、历史、民俗风情等领域成就卓越。在美国汉学史上，卜德开拓了多个研究领域，秦代史是其中之一，其汉学研究主要包括以下五个方面。

二、真正走进中国

1931年，卜德在哈佛—燕京学社的资助到北京进修，在北京度过了六年时光。这期间，他翻译和出版了《燕京岁时记》，这是一部记录北京风俗民情的书籍。在中国出生和学习的经历使卜德有机会观察和体验中国社会生活，比其他同时代的美国汉学家更深刻认识和了解中国文明和风土人情，这奠定了他的汉学研究的基础。

20世纪下半叶，美国崭露头角的新一代汉学家往往受过专门训练，而卜德在战前全面受到中国文化的影响。他把中国文化看作一个有机整体，其研究范围极其广泛，从古代到近代直至现代。他从宏观上思考"李约瑟之谜"，微观上关注1956年中国政府的汉字简化政策将会造成汉字意义的丧失。从精英层面上的哲学、科学史到大众小说、神话和性感应巫术（Sexual Sympathetic Magic），从以理论对封建主义和中国古代法律制度的探讨到重实证的文本考察，既有学术研究又有对现实中国的观察、描绘和思考，既有求真的客观叙述，也有大胆猜测和小心求证。[1]据《中国文明论集》附著目录，卜德的汉学著述共有一百余部/篇，包括专著、译著、书评、学术论文和观察日记等。1961年，他发表的《古代中国神话》（Ancient Chinese mythology）一文，产生了国际影响力。本质上讲，他认为中国神话关于文明的起源，具有历史化、碎片化和结构松散的特点，这仍然是现代国际汉学界对中国神话的经典看法。与同时代中国神话学者相比，卜德体现了异国学者的独特视角。卜德研究中国古代文化旨在厘清中国历史发展的范式或者说其独特的规律。

三、填补西方秦史研究的空白

卜德对秦史有浓厚的学术兴趣。在《中国第一个统一者：从李斯的一生研究秦代》(*China's First Unifier : a study of the Qin Dynasty as Seen in the life of Li Si*)一书序言中，卜德认为研究秦史的重要性在于，秦的社会、政治和经济对后世的影响深远，在第一章开头他提到，由秦所开创的帝国模式一直延至中华民国的成立。[2]

作为西方最早研究中国秦代历史的学者，卜德的《中国第一个统一者：从李斯的一生研究秦代》受到国际汉学界的好评，被认为填补了西方学者研究秦代的空白。关于中国早期中国历史和制度的停滞，西方学者已经出版了不少著作，但很少学者重视秦朝，这也是卜德选取这一研究课题的原因。他认为秦国虽然存在的时间短暂，但是其社会、政治和经济的变动具有深远影响。这些变动包括帝国的建立、郡县制的推行、法典的实施、文字的统一、货币的标准化等。卜德重点研究了秦国统一六国和快速灭亡的原因。《中国第一个统一者：从李斯的一生研究秦代》关注了李斯的生平，以及李斯在秦统一六国中的作用。此外，通过对李斯思想的深入研究，卜德从集权主义和功利主义视角分析了秦灭六国的原因和秦朝最终灭亡的根源。

卜德认为功利主义有别于法家和儒家思想。以李斯为代表的法家思想认为社会是不断发展变化的，环境决定人的行为，不必再学先王之道。法家思想在当时具有明显的进步意义和科学精神，故而能成就秦国统一六国的伟大事业。在先秦法创立之初，法家思想只适用于被征服的民族，后来才逐渐适用于本国国民并取代了"礼"。另外，自商鞅变法至秦统一天下，已有一百多年历史，秦人世代受到训练，故而知法、守法，秦法适用于秦。秦灭六国以后，将秦法迅速推广到原六国，却遭遇六国的抵抗，在广袤的疆域，法家政策不施仁义，只能昙花一现。卜德进一步分析了儒家成功和法家失败的原因，并指出长久的统一并非在于严格的法律，而是源于具有同质性的思想文化。

卜德认为李斯在秦国崛起中扮演了重要角色，但是历史是人与环境两种力量相互作用的结果。个人不能完全控制和主宰环境，但是可以凭借智谋指引、改变环境。卜德的观点既没有夸大个人英雄主义，也没有贬低个人在历史进程中所起的重要作用。此书并非局限于李斯的传记研究，而是涵盖了秦朝历史的各个方面，是一部全面研究秦代的专著。这本著作出版之前，西方唯一一部有关秦代的著作出自法国来华传教士彭安多之手。该书效仿了《史记》的有关章节，按年代罗列了秦国历代君王的事迹，并非一部研究著作。

卜德在秦史研究中还充分体现了哲学和思想史方面的特长。卜德总是能够追本溯源，而非就事论事，《中国第一个统一者：从李斯的一生研究秦代》的第六章关于"帝国的概念"充分体现了这一点。卜德详细考察了"帝"这个字如何从商代甲骨文中表示祭祀的概念，演变成公元前3世纪表示最高权威的政治概念。第十章"李斯的哲学背景"也体现了卜德的特点。这一章可以说是一部简要的先秦哲学史，但卜德的论述没有按照儒家、道家、墨家这样的门派来分类，而是讨论了贯穿于各派的五种思想，主要包括：权力主义、法治、帝王术、功利主义和历史观。卜德的博士论文开启了西方学者的秦代研究，成为中国历史研究模式的奠基之作。

四、重视对古籍文本的批评

卜德在深入研究秦史的同时，尤为重视对古籍文本的批判。在《中国第一个统一者：从李斯的一生研究秦代》第三章中，他通过内校、互校等方法详细分析了《李斯列传》的文本。他认为该列传中有些段落并非出自太史公之手，而是出自后世文人添加、曲解的内容。卜德对《李斯列传》中李斯之死到秦亡的叙述的质疑最多。卜德认为，为了避讳其父司马谈，太史公在《史记》中每遇到"谈"字都改为"同"或"谭"，而在这段文字里却连用了几个"谈"字。此段与《史记》中其他卷记载的内容有很多不符之处。于是，卜德断然认为《史记》里出现"谈"字的章节、段落的真实性（即是否真为太史公所作）都是可疑的，这是批判《史记》文本的一个重要原则。[3]卜德还质疑《李斯列传》中的某些对话，例如赵高与胡亥、赵高与李斯的对话，卜德认为这些并非真实历史，而是太史公根据当时的历史情境所作的文学渲染。

卜德还质疑《史记》中《吕不韦列传》的真实性，认为《吕不韦列传》是《史记》中最模糊的篇章，其叙述与《战国策》的描述出入很大。如《战国策》中从未提及嬴政是吕不韦的私生子，在《吕不韦列传》中，司马迁言之凿凿却缺乏依据，可见此文并非出自行文严谨的史太公之手。作为一个西方学者，卜德批评和质疑权威，其论点有理有据，值得我们学习与借鉴。

五、时事报道、评论与争议

作为一位极富社会和政治使命感的学者，卜德除了学术著述外，还有不少时事报道，与各国学者的交流也是卜德学术生命中很重要的组成部分。他发表了许多和其他汉学家商榷的评论文章，其中包括李约瑟、费正清、高本汉、顾立雅、拉铁摩尔等。在其著作中，《北京日记：革命的一年》（*Beijing Diary : The Year of Revolution*）最具代表性，在文章方面，1949年的《关于中国共产党的报道》（Report of the Communist Party of China）最具代表性。

卜德的著述和观点现在看来不能说都是经典，他的著述经常引起争议甚至遭到反对。格拉夫林曾对卜德的《中国思想、社会与科学》(*Chinese Thought, Society and Science*)一书的研究方法提出了异议。卜德是二战前人文主义学者的代表，在研究方法上承继了欧洲汉学重考证的传统，而美国汉学的发展越来越注重实用的定量分析的区域研究，并日渐占据学术主流。客观地讲，当代美国汉学家并不注重用不同理论来构架、解读中国文明，而是重考证的方法，但是卜德谨慎选择材料，使用的都是经得起历史检验的典籍。卜德的汉学研究成果既是美国汉学发展初期的历史存在，也是美国汉学研究发展中必不可少的积淀。

六、晚年讲稿

卜德晚年作了题名为"What and Why in Chinese Civilization"的著名演讲。该讲稿后来刊发在香港中文大学 1994 年出版的《文德》(*The Power of Culture: Studies in Chinese Cultural History*)一书中，是卜德暮年所见益广、阅世深厚的思想结晶，有很高的参考价值。讲稿从时空、人与(超)自然、社会与个人、阴阳、一与多、文武、内外、文质、真实与模拟、模式与数字等十个方面从整体上考察了中国文化。该讲稿中的某些论断注定无法洞悉中国文化中一些问题，但他高屋建瓴的观察仍为我们提供了多元的思想资源与视野。

在演讲中，卜德将学术问题大致分为探求"是什么(what)"和追问"为什么(why)"两类。在他看来，前者(What)主要涉及事实考证，即便研究者有所疏忽，其结论亦会随学术的进步被不断修正。后者(Why)则关乎理论的阐释与建构，虽然它同样以处理事实为前提，但如何选择文献、选择哪些文献以及如何解释这些文献，很大程度上取决于研究者本人，谈论者具有主观性，其理论不仅如空中楼阁，还可能给社会带来负面影响，所以"Why"的研究常涉及价值判断和时代关怀。[4] "What and Why in Chinese Civilization" 中的观点给我们的启示在于,面对空前庞大的历史文献和学术资源,研究者应勇于重审、反思那些看似不证自明的"常识",质疑"预设""基础""前提"的合理性,不断更新认识重大的文化命题。

七、结语

20世纪,美国汉学经历了从传统"汉学"到现代"中国学"转型的过程,卜德是这一过程的参与者与见证人。他开创了西方汉学研究中国秦史的先河,他翻译和分析了《史记》的史料,重视批评史料文本。卜德开启了美国研究《史记》和秦史的先河,其研究成果对杜德桥、沃森等汉学家的翻译和研究都有重要的参考价值。通过研究卜德,学者可以管窥20世纪美国汉学发展的基本趋势和观察中国文化的发展,对当代中国文化的发展具有一定的参考价值。

参考文献

[1]顾钧:《美国汉学家卜德(Derk Bodde)的秦史研究》,《江苏大学学报》(社会科学版),2013年第5期。

[2]胡青松:《论美国汉学家卜德的〈史记〉研究》,《史学理论与史学史学刊》,2018年第1期。

[3]蔡慧清:《德克·卜德研究三题》,华东师范大学2005年硕士毕业论文。

[4]李浩:《新世纪中国文化研究如何三面应战——德克·卜德晚年讲稿的启示》,《江汉学术》,2016年第3期。

费慰梅:中国艺术史的"主角"

　　费慰梅,美国汉学家、艺术史家,曾任重庆美国大使馆文化参赞。著有《中国建筑之魂》(*The Soul of the Chinese Architecture*)、《复原历史的探险:汉代壁画与商青铜模具》(*Adventures in Retrieval:Han Murals and Shang Bronze Molds*)等。费慰梅一生致力于研究中国建筑艺术史,实地考察中国古代建筑,对古建筑的复原工作多次提出开创性建议,其搜集的资料具有很高的历史价值。她对武氏祠石刻的研究受到各界关注,为后人的深入研究奠定了基础。

一、费慰梅简介

　　1909年,费慰梅(Wilma Canon Fairbank,1909—2002年)出生于马萨诸塞州,父亲是哈佛医学院著名的生理学家,母亲是一位著名学者。1927—1931年,她就读于哈佛拉德克利夫女子学院美术系。读书期间,她喜欢法国汉学家伯希和的课,慢慢接触到中国文化。在艺术史学家华尔纳的课堂上,费慰梅第一次看到武氏祠画像石的拓片,被中国古代艺术的精湛所震撼。[1]自此,中国古代艺术研究成为她一生追求和热爱的事业。

二、武氏祠石刻等汉代石刻以及商周青铜器纹饰的研究

1932年,费慰梅带着对中国艺术的热情,独自一人坐船来到北京。她说:"来到北京做的第一件事就是买了一套武氏祠拓片。"[2]她在北京居住多年,与丈夫费正清在北京结婚。他们结识了梁思成和林徽因夫妇,开始了长达六十年的友谊。梁思成和林徽因夫妇是费慰梅的好友和她艺术之路上的同道中人,影响了她对古代中国艺术的研究。她的研究不仅仅局限于书本。为了更直观地研究古代中国的画像砖、画像石和壁画等文化遗迹,无论在和平时期还是在时局动荡的战争期间,无论交通多么不便,她都坚持去实地考察。[3]

1933年4月,费慰梅和费正清到郑州、洛阳、开封调查古墓葬出土文物,收集素材,记录数据。1934年,费慰梅和友人去山东武氏祠实地考察,去山东金乡县实地考察了东汉"朱鲔祠堂"及墓葬(后证实此墓葬与朱鲔无关)。同年8月,费氏夫妇与梁思成和林徽因夫妇一起去山西汾阳进行考察,他们探访了四十多处古建筑,包括著名的赵城上下广胜寺。费慰梅还学习了丈量等测绘古建筑的基本方法。费慰梅看到武氏祠刻石后,觉得与之前自己的想象完全不同,并提出了建设性的意见。通过实地考察,费慰梅掌握了大量精确的数据和完整的建筑图画,为其研究提供了丰富的材料。1936年底,费慰梅返回美国。1938年,费慰梅在哈佛大学亚洲研究专刊发表论文《武梁祠建筑原型考》。文章引起了中西方考古学者广泛认同,对中国汉代建筑和艺术研究具有重要意义。

1945年,费慰梅担任美驻华大使馆文化参赞。工作之余,她与德国历史学家傅吾康调查了岷江沿岸的十几座汉代崖墓。1947年,费慰梅回到美国。

1949年后，中美两国关系恶化，她无法再到中国实地调查，但这并未阻止她的研究。1952年，费慰梅访问日本，结识了研究中国艺术的学者北野正男，开始合作研究中国壁画。经历了多年战争，相关史料难以收集，甚至大量珍贵资料已经丢失，他们利用战争中幸存的少量图画和照片完成了对北园汉墓的研究。

费慰梅在沙畹著作的指引下来到山东金乡，试图对著名的"朱鲔祠堂"进行调查时，这座祠堂已被拆散，搬到县城保存。但费慰梅还是对其墓葬进行了调查，并绘制出测绘图，这是迄今关于这座汉墓唯一的记录。她在1954年发表的《理解汉代壁画艺术的锁钥》（A Structural Key to Han Mural Art）一文利用拓片对"朱鲔祠堂"进行了复原。此外，她还注意到该祠堂画像的风格与武氏祠截然不同，她提出一种假设："朱鲔祠堂"画像三维的透视关系、微妙精到的线刻，以及富有个性的人物形象，都是对彩绘壁画的模仿，而武氏祠、孝堂山祠堂的画像是对汉代模印砖的模仿；前者的建筑模仿木结构祠堂，后者的建筑则模仿模印砖祠堂，而此前有的学者则将这种风格差异的原因片面地归结为年代的不同。费慰梅从图像风格出发，进而探讨了技术的渊源和材料，沟通了汉代不同形式的壁画装饰，思路十分独特。

1962年，费慰梅发表了《合范技术与商代铜器纹饰》（Piece-Mold Craftsmanship and Shang Bronze Design）一文，探讨了纹样风格的成因。1964年，费慰梅与研究殷墟青铜器铸造技术的万家保合作撰写了《商铜爵足的铸造：模具上的雕刻》（Shang Bronze Chueh Legs：Carved in the Mould）一文。1972年，费慰梅出版了论文集《复原历史的探险》，探讨了汉代石刻和商周青铜器艺术。费慰梅对中国古代艺术的研究做出重要的贡献。

三、促进中美文化交流

1941年,费慰梅和费正清移居华盛顿。1942年,费慰梅当选为美国国务院文化关系部中国组首名职员,负责学术和文化交流。费慰梅对中国古代建筑与艺术研究做出了重要贡献。1944年,她成为中国营造学社的正式社员,也是第一位中国营造学社的外国社员和最后一个社员。[4]中国营造学社是致力于研究中国传统营造学的学术团体,从事古建筑实地考察和研究、文献资料收集、整理和研究。费慰梅让美国学者认识了中国营造学社。

1944年梁思成用英文撰写了《图像中国建筑史》(*A Pictorial History of Chinese Architecture*)一书,1946年带到美国,由费慰梅编辑,但因种种原因该书未能及时出版。在费慰梅的努力下,1984年该书终于由宾夕法尼亚大学出版社出版,并荣获当年全美出版奖。至1990年,五千册书全部售出。

1976年,费慰梅负责撰写的美国国务院文化司的官方历史项目《美国对华文化项目:1942—1949》,由美国国务院在华盛顿出版。该书记录了美国政府在1942年到1949年期间所开展的对华文化外交的有关情况,对华文化项目的起源与各个阶段的发展历史,其中包括中美富布赖特项目的早期工作,以及美国政府与中国共产党解放区的文化接触等方面的资料,具有重要的史料价值,是研究中美政府间文化关系不可多得的珍贵文献资料。由于费慰梅处事极为低调,书中"几乎没有提及自己,更不用说她创建大使馆文化处取得的功绩"。费正清在回忆录中如是评价。

四、结语

2002年4月4日,费慰梅于马萨诸塞州剑桥家中过世。她一生致力于研究中国古代艺术,对中国建筑史研究做了重要贡献。她热爱中国艺术,是中国艺术史的"主角"。

参考文献

[1] 郑岩:《费慰梅的一个侧影》,《读书》,2003年第2期。

[2] 郑岩:《费慰梅的一个侧影》,《读书》,2003年第2期。

[3] [美]费慰梅:《梁思成与林徽因——一对探索中国建筑史的伴侣》,曲莹璞等译,中国文联出版公司,1997年,第87页。

[4] 袁宝林、陈继春:《拥抱中国的艺术和文化——纪念费慰梅》,《美术观察》,2004年第10期。

芮沃寿：中国佛教史研究的权威

芮沃寿，美国汉学家，著名的佛教研究学者，美国汉学研究的奠基人之一，曾担任斯坦福大学及耶鲁大学教授。他在中国佛教史、儒家思想史和隋唐史研究领域颇有建树，是哈佛燕京学社研究员。芮沃寿是研究中国古代文明的权威专家，终生致力于中国佛教史、中国儒家思想和中国隋唐史的研究，取得了丰硕的学术成果。他和费正清一起创立并发展了二战后美国的汉学研究。

一、芮沃寿简介

1913年12月3日，芮沃寿（Arthur Frederick Wright，1913—1976年）出生于美国俄勒冈州的波特兰市。1935年获得斯坦福大学文学学士学位。芮沃寿分别于1937年、1947年和1959年获得英国牛津大学文学学士、哈佛大学哲学博士和耶鲁大学荣誉文学硕士。1951年，他与费正清等成立了中国思想研究会（Association for Asian Studies' Committee on Chinese Thought），并在1951—1961年担任协会主席。他还是美国历史协会（American Historical Association）和美国亚洲研究协会（Association for Asian Studies）会员，长期担任中华文明研究委员会（Committee for Chinese Civilization Studies）会长。他的代表作有《中国历史中的佛教》（*Buddhism in Chinese History*）、《中国思想研究》（*Studies in Chinese Thought*）、《儒家信念》（*The Confusion Persuasion*）、《儒家与中国文明》（*Confucianism and Chinese Civilization*）等。他的著作在佛教和儒家思想研究领域具有开创性，对后世该领域的研究具有深远影响。

二、芮沃寿的研究生涯

芮沃寿自幼对异域文化就有浓厚兴趣，他对佛教的兴趣最早是源自少年时期的一次东亚之旅。1929年，16岁的芮沃寿和父母一起到东亚游学，在游历途中，他得到一枚特大号的中国印章，对此爱不释手。在芮沃寿的家庭相册中有数张游历亚洲时的照片，包括中国颐和园和日本镰仓的佛陀。他还收藏了多本有关东亚的论著，其中包括《中国画家》（*Chinese Painters*）。

芮沃寿在斯坦福大学求学期间关注欧洲历史，痴迷于美学，对美学的兴趣使他开始研究佛教和接触了汉学。芮沃寿最初的研究领域是佛教史，他的第一本著作是关于早期传教士佛图澄的研究，以及7世纪初傅氏发起的对佛教的攻击。1935年，《斯坦福写作年鉴》（*A Year Book of Stanford Writing*）收录了芮沃寿的一篇题为《卡莱尔与现代气质》（Carlyle and Modern Temperament）的论文。文中介绍芮沃寿为英国俱乐部成员和东方宗教学者，曾广泛游历东方。

在牛津大学攻读学士学位期间，他积累了大量中国历史与宗教的知识，对中国问题的研究越来越深入。1937年，芮沃寿返回美国到哈佛大学攻读博士学位。在哈佛期间，他开始学习汉语和日语，选修了美学、宗教社会学和印度宗教等课程。他还结识了他的第一任妻子芮玛丽。1940年，二人在华盛顿举行了婚礼,9月两人在国际形势动荡不安的局势下毅然决定前往日本追求自己的学术研究。

在日本京都,他们继续学习日语和汉语,聘请了多名家庭教师讲授历史学、佛教历史和中国近代史等有关东亚历史的课程。1941年6月,芮沃寿和芮玛丽来到北京,一边学习汉语,一边实地考察和研究中国历史。但是双方家庭坚持要求他们返回美国,这让两人感到巨大的压力。他们在回复家人的信件中解释了留在北京的理由:如果此时离开北京,那么对他们两人的事业都将是巨大的损失。8月底,他们又去了山西,参观了著名的古代中国石窟。

二战爆发后,他们工作和生活都遭受了巨大打击,研究工作也不得不中断。1943年,芮沃寿和芮玛丽被关到了山东潍县。芮沃寿设法悄悄带上他的论文副本,以便继续他的研究,而芮玛丽则学习满语和俄语。[1]战争期间芮沃寿完成了后来发表于《哈佛亚洲研究杂志》(*Harvard Journal of Asiatic Studies*)的长篇论文《1941—1945年北平的汉学研究》(Sinology in Peiping,1941–1945)。

1947年,中国内战全面爆发,国内局面更加动荡,芮沃寿夫妇不得不返回美国。芮沃寿在斯坦福大学期间,连续发表了很多论文。这时,他进一步巩固了十年前开始的研究,成为一名专门从事佛教研究的学者。正是在这一时期,耶鲁大学哲学系向他发出了邀请。在这段时间里,芮沃寿完成了他大部分的佛教研究,最终汇成了《中国历史上的佛教》这部专著。1976年夏,芮沃寿突然辞世。此时,他正在筹划出版自己的论文集,遗憾的是他没能亲自整理自己的论文集,是学术界的一大损失。

三、芮沃寿的佛教史研究

芮沃寿最初的研究领域是佛教史。研究初期,他就对传统佛教的文献学和神学并没抱有幻想，他在一个广泛构想的历史框架中探讨了佛教与政治之间的关系。他在《中国历史上的佛教》一书中揭示了隋朝皇帝如何为了政治目的操纵佛教的。芮沃寿试图解释佛教进入中国至6世纪，如何适应中国文化，减少与中国本土文化的摩擦与碰撞，奠定儒释道三教合一的思想基础。他还将研究视野进一步延伸至近代中国社会，阐述了佛教如何在近代社会发挥作用。他在《中国历史上的佛教》一书中详细分析了汉武帝时期的社会、经济以及佛教和西汉政治之间千丝万缕的联系。[2]

四、芮沃寿的儒家思想研究

19世纪50年代，芮沃寿结束了在中国的访学回到美国，其研究从中国佛教逐渐转移到中国儒家思想。1951年，在费正清的带领下，芮沃寿很快和汉学领域其他专家学者建立了美国亚洲研究协会中国思想研究委员会，并于1951—1961年期间担任该协会的主席。在他的主持下，协会先后组织召开了"中国思想的历史特征"（The Historical Characteristics of Chinese Thought）、"中国思想与制度"（Chinese Thought and System）、"历史上的儒家人物"（Confucians in History）等关于中国儒家思想的研讨会。这些研讨会邀请了费正清、卜德、史华慈、傅汉思等汉学家，深入研究和讨论了汉学及发展，并且以论文形式记录了研究成果，这大大推动了中国儒家思想的研究进程。芮沃寿的研究成果都收录在这些学术会议的论文集里。

1952年，芮沃寿组织召开了一次以"中国思想"为主题的学术会议，邀请了欧美各国学者，会后出版了《中国思想研究》（Studies in Chinese Thought）的论文集。该论文集收录了芮沃寿、卜德、列文森等人的多篇文章，和芮沃寿的《中国语言与外国观念》（The Chinese Language and Foreign Ideas）一文。芮沃寿开篇指出，外国思想在中国传播的最大问题是他们面临着怎样用中国语言文字准确表达和传播自己的思想。

1954年9月,中国思想研究委员会以"中国的传统观念与制度习俗之间的关系"(The Relation between Chinese Traditional Concepts and Institutional Customs)为主题召开了第二次大会,出版了《中国的思想与制度》(*Chinese Thought and Institutions*)的论文集。这本论文集共收录了十三位学者的论文,包括芮沃寿的《隋朝意识形态的形成(581—604年)》(The Formation of Sui Ideology,581-604)。他在文章里着重阐述了隋文帝在重新建立大一统王朝时的思想控制,及隋文帝看重的儒教和佛教思想。

1957年和1958年,在洛克菲勒基金会的赞助下,中国思想研究委员会召开了两次学术会议,其主题分别是"儒家在行动"(Confucianism in Action)和"儒家的说服术"(The Confucian Persuasion),会后出版了两本论文集,分别是芮沃寿和倪德卫合编的《行动中的儒教》(*Confucianism in Action*)和芮沃寿单独编著的《儒家信念》(*The Confucian Belief*)。

1960年,中国思想研究委员会以"历史上的儒家人物"(Confucians in History)为主题召开了第五次学术会议,1962年出版了《儒家人格》(*Confucian Personalities*)的论文集。这一论文集更加细化地探讨了历史上著名的儒家人物。芮沃寿指出:"研究儒家思想的方法很多,如经典研究、思想体系探讨、现代社会分析及制度与运动的历史研究等,但第四种方法最能够显示儒家思想对中国历史的影响。"[3]

五、芮沃寿的隋唐史研究

芮沃寿关于隋史的研究主要有两部分内容:第一部分是收录在儒家思想研究论文集中的《隋朝意识形态的形成(581—604年)》(The Formation of Sui Ideology,581-604)和《隋炀帝:个性与陈规》(Sui Yang-Ti:Personality and

Stereotype）两篇文章。另一部分是《剑桥中国隋唐史》（*The Cambridge History of China*）中的隋朝部分。以此为基础，芮沃寿撰写一部关于隋朝的通史。非常遗憾的是，芮沃寿完成前六章后，突然辞世了。

六、结语

芮沃寿是20世纪最负盛名的美国汉学家之一，是研究中国佛教史的权威，美国中国佛教史研究领域的奠基者之一。他毕生把中国佛教的发展史当作学术研究中心。他对中国佛教史的研究、对中国儒家思想和隋唐史的研究紧密相连，成为他学术生涯研究的三个重点，取得了丰硕的学术成果。他和费正清一起创立并发展了二战后美国中国学研究，留下了许多具有很高学术价值的作品。他的作品言简意赅，很多已经成为现代汉学史上的经典著作，对当代汉学研究具有深远影响。

参考文献

［1］顾钧：《"二战"中的美国汉学家》，《中外文化交流》，2017年第1期。

［2］许孝乐：《芮沃寿的中国学研究》，《世界汉学》，2003年第2期。

［3］Wright, Arthur Frederick, *Confucian Personalities*, Stanford University Press, 1962, pp.1-3.

傅汉思:从新视角研究中国诗歌的美国汉学家

傅汉思是20世纪美国著名汉学家,他运用量化统计方法研究中国古诗歌赋,具有开创性,对西方汉学研究产生了深远影响。他以其深厚的欧洲古典语言文学为基础,以独特的视角研究我们耳熟能详的古诗。他中西兼通、旁征博引,采用了量化统计的方法,强调文学的艺术性。

一、傅汉思简介

傅汉思(Hans Hermannt Frankel,1916—2003年)是犹太裔美国人,20世纪著名汉学家。1916年,傅汉思出生于德国柏林的一个古典文学世家,他的祖父和父亲都是著名的希腊语文学家。傅汉思19岁举家搬迁至美国,在斯坦福大学获得古典语言文学学士学位,后获加州大学伯克利分校西班牙语硕士学位和罗曼语博士学位。但是傅汉思并没有继续西班牙文学研究,而是选择了中国古典文学作为其研究对象。

20世纪50年代,傅汉思开始深入研究中国,其研究领域主要有中国文学和中国古典诗歌。他开创性地将西方古典文学和罗曼语文学引入汉学研究，以西方学者独特的视角和严谨的治学态度分析中国的诗歌，在译本和文学评述方面有很深的造诣。傅汉思的代表作有《孟浩然传》(Biographies of Meng Hao-jan)、《中国王朝史译文目录》(*Catalogue of Translations from the Chinese Dynastic Histories for the Period 220-960*)、《梅花与宫闱佳丽》(*The Flowering Plum and the Palace Lady：Interpretation of Chinese Poetry*)等。傅汉思三个不同时期的代表作体现了他对中国古诗词研究的历程。

二、《孟浩然传》——汉学研究的开端

1947年来华之前，傅汉思主要研究文艺复兴时期西班牙文学。二战结束后，他受胡适之邀首次来到中国，担任北京大学西班牙语系主任，并讲授拉丁文、德文和西洋文学。在北大任职期间，傅汉思得以与冯至、沈从文等中国文坛巨匠交往。在沈从文家中，傅汉思结识了后来的妻子，"合肥四姐妹"之一的才女张充和。在她的影响之下，傅汉思开始研读沈从文等人的著作，并逐渐对中国文化与诗歌产生了兴趣。此时，傅汉思还未将汉学作为终身研究对象。

1949年，傅汉思返美，任教于加州大学伯克利分校。出于对中国文化的兴趣和在中国妻子的影响下，傅汉思最终决定主要研究汉学。1952年，他翻译出版了《孟浩然传》，这是他早期成果之一。该书根据《新唐书》中的传记和中国十六正史中的目录编写而成，被收录在加州大学《中国正史译文》的章节中。虽然该文不长，只有短短二十五页，却开创了美国研究中国诗歌的先河。在此之前，由于语言障碍等问题，鲜有美国人触及中国诗歌。[1]这一时期，傅汉思开始尝试研究中国古诗和绘画，发表了《中国诗歌中的"我"》(The 'I' in Chinese Lyric Poetry, Oriens)、《诗歌和绘画：中西方诗歌和绘画关系综述》(Poetry and Painting：Chinese and Western Views of Their Convertibility, Comparative Literature）等论文。

三、《孔雀东南飞》——旁征博引，深入浅出

20世纪60年代后，傅汉思的研究兴趣从中国历史逐渐转向了汉语言文学、汉赋乐府，发表了《曹植的十五首诗歌》《中国民歌〈孔雀东南飞〉中的习语分析》等论文。傅汉思在中国诗歌研究中引用了包括中国学者和日语、英语相关文献。如在论述《孔雀东南飞》习语问题时，他参考了该诗日文、法文、德文等译文。他常在世界文学范围内搜寻例证，如他在论述《孔雀东南飞》中年轻人的爱情和长辈观念的冲突这一普遍问题时，以英语文学作品作为例证。《中国民歌〈孔雀东南飞〉中的习语分析》一文逐句解析了《孔雀东南飞》，总结了该诗具有节奏紧凑、叙事与对话相结合、第一人称和第三人称叙述相互转化等特征，有助于读者了解诗歌的细节和主题背景。

四、《梅花与宫闱佳丽》——傅汉思汉学研究的巅峰之作

20世纪70年代，傅汉思出版了《梅花与宫闱佳丽》一书，标志着他对中国诗歌研究的顶峰。该书翻译和分析了从《诗经》到散曲的一百零六首诗词歌赋。他在汉学研究中植入了对罗曼语言的了解，开创性地将西方叙事诗中的母题概念引入到了中国汉赋乐府中。母题是叙事作品中结合得非常紧密的最小事件，一直存在于传统中，能引起人们的多种联想，它是一个完整的故事，本身能独立存在，也能与其他故事结合在一起，产生新故事。此书章节没有按照朝代顺序排列，而是根据西方叙事诗中母题的概念，把诗歌分为"人与自然""拟人化""处于和他们关系之中的人""回忆与反思""爱情诗""孤独的女子""叙事歌谣""离别""对历史的思考""往昔：传说与讽刺""平行

与对偶""特殊的平行现象"等不同主题。[2] 在这部作品中，他经常将中国诗歌同西方诗歌，尤其是西班牙和德国诗歌作比较研究。在《梅花与宫闱佳丽》中，傅汉思特别强调人与自然的关系，这一主题贯穿于整本书。

傅汉思研究中国古典文学，不仅借鉴了他人的视角，还有科学的方法。在《梅花与宫闱佳丽》中，他用数字标明了所选的一百零六首诗歌或辞赋，多以四行为一节，逐节分析和论述诗歌或散曲，做到观点和数字一一对应。当时，中国学界并未使用过这种量化分析法，这种方法体现了傅汉思所代表的西方学者学术的严谨性。该书一经问世，就受到了美国学界的广泛关注和一致好评。1998年，他翻译了《木兰诗》，其英文译本被选用为迪士尼动画电影《花木兰》的官方翻译。傅汉思一生获奖无数，包括美国人文学科国家基金表彰、古根海姆基金奖（Guggenheim Fellowship）等。他还担任过汉堡大学、波恩大学与哥伦比亚大学客座教授，慕尼黑大学富布莱特客座教授，历史学家史景迁、汉学家宇文所安、康达维都是傅汉思的学生。

傅汉思在研究中国古诗方法上别具一格。这不仅因为他具有欧洲古典语言文学的基础，还在于他以独特视角阐述我们耳熟能详的古诗。他中西兼通、旁征博引，采用了量化统计的方法，强调文学的艺术性。傅汉思把母题原型这一西方古典和罗曼语文学概念引入汉学研究，对中国古诗研究做出了杰出贡献。[3] 这种中西古典文学研究深刻影响了当代西方汉学，对中国学者具有启发意义。

五、结语

傅汉思有着深厚的古典文化功底，治学态度严谨。他经常使用量化统计的方法研究中国古诗，强调文学的艺术性特征。他在汉学研究中引入了母题原型这一西方古典和罗曼语文学概念，对中国古诗研究做出了杰出贡献。这种中西古典文学沟通研究影响了当代西方汉学,对中国学者富有启发意义。此外,他对中国诗歌的翻译也做出了重要贡献。比如,他翻译的《木兰诗》的英译本,成为1998年迪士尼动画电影《花木兰》的官方翻译。20世纪50年代至70年代,中美关系正值紧张时期,他能够克服获取中国古籍、报刊的困难,取得斐然的学术成绩,实乃难能可贵。

参考文献

[1]廖忠扬:《傅汉思,一个时代的符号》,载曹顺庆、张放主编:《华文文学评论》(第四辑),四川大学出版社,2016年,第327~329页。

[2]宋燕鹏、王立:《美国汉学家傅汉思先生的古诗研究》,《中国韵文学刊》,2013年第7期。

[3]刘皓明:《从夕土到旦邦——纪念傅汉思教授》,《读书》,2004年第9期。

芮玛丽：在晚清史研究领域独树一帜的美国汉学家

玛丽·克莱伯·莱特（中文名芮玛丽）是美国著名汉学家和历史学家。她是美国中国近现代史研究泰斗费正清最出色的学生之一，在中国近现代史，尤其是晚清史的研究上颇有建树。芮玛丽查阅了大量资料后，编写了《同治中兴：中国保守主义的最后抵抗》（*The Last Stand of Chinese Conservatism：The T'ung-Chih Restoration*）。该书史料翔实，立论严谨，不乏新颖独到的见解，值得后世学习和借鉴。

一、芮玛丽简介

1917年9月25日，芮玛丽（Mary Clabaugh Wright，1917—1970年）出生于亚拉巴马州西部的塔斯卡卢萨，自幼聪颖，勤奋好学。在拉姆齐高中上学期间，她曾担任学生会主席，是美国国家高中荣誉生协会（National Honor Society）的成员。1834年，芮玛丽进入瓦萨学院学习。1938年毕业后，芮玛丽升入拉德克利夫学院攻读欧洲史，于次年顺利获文学硕士学位。在此期间，芮玛丽受费正清的影响,对中国近现代史产生了浓厚兴趣。1939年,芮玛丽与芮沃寿结为夫妻,芮沃寿也是著名的汉学家,专攻佛教和隋唐史。[1]不久后,芮氏夫妻二人前往日本京都人文科学研究所进修,后转赴北平搜集博士论文所需文献和资料。中国正处于抗日战争时期,国难当头,人人自危。1941年,日军偷袭美国珍珠港,发动了太平洋战争,美日关系急转直下。芮氏夫妻和其他外籍公民被日军囚禁在山东潍县的拘留营中,1945年战争结束才重获自由。1965年,芮玛丽因神经衰弱暂停研究工作,1970年因癌症去世,年仅52岁。

二、芮玛丽与胡佛图书馆:自告奋勇承担收藏任务

1945年,中国抗日战争结束,国共两党矛盾升级,内战一触即发。芮玛丽从广播中得知斯坦福大学胡佛研究院正在收集中国革命时期的各种资料,便毛遂自荐,前往中国收集相关资料。日本侵华战争造成了华夏大地的满目疮痍,破坏了很多中国文物典籍,在动荡不安的局势中,收集工作异常艰难。芮玛丽向中国政府部门申请查阅相关官方出版刊物,联系中国著名高等学府,协商图书交换事宜。她还联系了很多中国收藏家和知名人士后裔。在康有为后代家中,芮玛丽通过微缩相机收集了很多康有为未曾出版的手稿。此外,芮玛丽还经常到北京书摊淘书,她幸运地买到了一套光绪和宣统年间出版的政府公报。[2]芮玛丽在延安收集到了很多中国共产党重要的官方出版物,其中包括一套几乎完整的《解放日报》,至今仍是西方世界收藏的重要文献。

1947年底,芮玛丽随丈夫回到美国,任教于斯坦福大学,为胡佛研究院建立了独具特色且内容丰富的中文馆藏。除了珍贵的文献资料,芮玛丽还收购了大量关于哈罗德·伊萨克斯和尼姆·韦尔斯的资料。这丰富了胡佛图

书馆关于中国共产党文献的馆藏，为西方学者研究中国无产阶级革命提供了宝贵资料。芮玛丽不仅收集了关于中国共产党的资料，还赞助了很多课题研究，比如海外华人、中国红军和学生运动等。如今，胡佛图书馆以其丰富的中国馆藏闻名于世，这与芮玛丽的努力不无关系。[3]

三、芮玛丽与耶鲁大学：建校以来首位女教授

1951年，芮玛丽获拉德克利夫学院博士学位，其著作《同治中兴：中国保守主义的最后抵抗》于1957年问世。1964年，芮玛丽受聘成为耶鲁大学历史系教授，成为耶鲁大学历史上第一位女教授。[4]芮玛丽治学严谨，她带领学生们不断地提出新观点和新见解，拓宽他们的视野，让学生用辩证的眼光看待中国，她还关注每一位学生的学术发展状况。[5]美国中国史研究专家史景迁便是芮玛丽的学生。史景迁将芮玛丽视为研究中国的启蒙老师，他评价芮玛丽是"一位激励人的导师""激励人的批评者"。[6]在耶鲁大学期间，芮玛丽著有《中国与革命：第一阶段，1900—1913》(*China and Revolution：The First Phase, 1900–1913*)等。她倡导成立了清史研究会，创办了期刊《清史问题》。[7]

四、芮玛丽与同治中兴：同治时期研究的开山之作

1957年，芮玛丽出版了《同治中兴：中国保守主义的最后抵抗》。该书详尽论述19世纪60年代晚清政府为"扶大厦之将倾"所作出的努力，分析了"同治中兴"失败的根本原因在于近代化与儒家文明之间不可调和的矛盾。芮玛丽指出，同治中兴是中国历史上最后一次中兴，也是第一次试图在不改革中国传统价值观和制度的条件下改善中国政府，使之在近代世界中立于

不败之地的努力,这是最接近成功的一次。[8]"同治中兴"是中国近代史中的重要时期,中国学者对其评价大相径庭,但西方史学界对这一历史时期缺乏足够的关注和系统的研究。该书填补了这一空白,将"同治中兴"首次介绍给了西方学者。[9]

芮玛丽认为,1860年《北京条约》签订后,国内外环境为清政府提供了复兴机会。为了确保中央政府稳定和可控,以英国为首的西方列强采取了一项不干涉和有节制合作的基本政策——"合作政策"。为了和平解决争端和促使中国逐步近代化,英国、美国、法国及俄国等与中国开展了合作,这为改革创造了相对稳定的外部环境。此时,以恭亲王、文祥为代表的清朝宗室和以曾国藩、左宗棠、李鸿章、胡林翼为代表的汉族地方官员统治着中国,他们都试图维系儒家所倡导的旧秩序。领导人试图恢复一个稳定且有效的文官政府,镇压叛乱,重建地方行政制度,恢复小农经济的活力,推行自强运动,促进中国近代外交体制的现代化,使清朝统治延续六十年,故称之为"中兴"。[10]

总理各国事务衙门的建立可谓别开生面,成功地把近代外事机构嫁接到了古老的官僚体制上。京师同文馆的创设,外交人才的增多,《万国公法》的引进都促进了中国外交的现代化。总理衙门自成立以来,一直竭力了解外国对华主张,积极准备修改《天津条约》。1858年,针对中英签订的《天津条约》,双方均有不满:清政府希望将条约向清政府有利的方向修改,而英国商人、传教士则希望全部开放中国内地,取消商人在华贸易和传教士传教的限制。英国驻上海领事阿尔科克在此基础上促进中英政府达成了《阿尔科克协定》(《中英新定条约》)。对清政府来说,这是外交上的一次胜利,但此条约遭到了英国商人的强烈反对,英国政府迫于压力最终没有批准。[11]1950年,"天津教案"发生,清政府中兴时期所付出的外交努力付诸东流。旨在维护旧秩序和重建儒家思想的改革的弊端逐渐暴露,清政府在中日甲午战争中战败后，签订了更多丧权辱国的条约。芮玛丽认为，中国战败的根源是不能成功适应近代世界潮流，其障碍不是帝国主义的侵略、清朝的统治、官场的愚昧，更不是偶然的历史事件，而是根深蒂固的儒家学说。面对数千年未有之大变局，清政府始终无法带领中国走向独立与富强。

《同治中兴》一经出版就受到了学界的广泛关注。历史学家柯文称赞其堪称学术专著之楷模，"它精辟地分析了这个行将分崩瓦解的儒教占主导思想的国家"[12]。芮玛丽过分夸大了外国影响对中国的重要性，芮玛丽认为儒家文化是同治中兴失败的根源，这未免失之偏颇。

五、结语

作为学者，芮玛丽具有真知灼见，有废寝忘食的工作热情。她在研究中国史中不走捷径，不回避难题，引起了西方史学对中国史研究的重视。作为图书馆建设者，她为斯坦福大学胡佛研究院中国馆藏的建立与发展做出了突出的贡献。作为耶鲁大学首位女教授，芮玛丽严谨治学，获得了学生的尊重和爱戴。芮玛丽充满激情和智慧的一生，给后世留下了丰硕的学术成果和宝贵的财富。

参考文献

[1]2002 Gale Research Inc, Women in World History: A Biographical Encyclopedia, May 2002. March 2019, https://www.encyclopedia.com/women/encyclopedias-almanacs-transcripts-and-maps/wright-mary-clabaugh-1917-1970 .

[2]Fairbank, John K., Spence, Jonathan, Twitchett, Denis, Obituary: Arthur Frederick Wright 1913-1976, *The Journal of Asian Studies*, 1977, 36 (3), pp.

491-494.

［3］Kaplan, Diane and staff of Manuscripts and Archives, *Guide to the Arthur Frederick and Mary Clabaugh Wright*, Yale University Library, 1911.

［4］Spence, Jonathan, Obituary: Mary Clabaugh Wright, 1917-1970, *The Journal of Asian Studies*, 1970, 30(1), p.131.

［5］Wu, Eugene, Mary Clabaugh Wright: A Memorial, *The China Quarterly*, No.43, Cambridge University Press on behalf of the School of Oriental and African Studies, pp.134-135.

［6］吴文津:《斯坦福大学胡佛研究所收藏中国共产党早期档案始末》,https://baijiahao. baidu.com/s?id=1617797038068607941&wfr=spider&for=pc。

［7］唐靖:《洋眼中的近代中国变革:以芮玛丽为例》,《贵州社会科学》,2006年第6期。

［8］朱政惠:《史景迁史学探要》,《史学月刊》,2009年第1期。

［9］［美］柯文:《在中国发现历史——中国中心观在美国的兴起》》,林登奇译,中华书局,1989年,第45~50页。

［10］沈雪碧:《重读芮玛丽:中国保守主义的最后抵抗为何失败》,https://www.douban.com /group/topic/83532847/。

［11］［美］芮玛丽:《同治中兴:中国保守主义的最后抵抗》,房德邻等译,中国社会科学出版社,2002年,第1、8、9、25、34、183、189、272页。

［12］许亚琼:《儒教国家终结的启示录——芮玛丽〈同治中兴〉读书报告》,https://www. douban.com/note/659113546/。

白鲁恂:中国政治观的诠释者

　　白鲁恂是第一批研究中国政治文化的学者之一,向西方世界传播了中国政治观,尤其是中国的"以德治国"的政治观。他善于使用心理学、社会学和人类学中的概念、理论和方法阐述自己的独到见解,在政治学领域颇有建树。本文阐述了白鲁恂的中国道德政治观、中国派系政治观和中国政治影响因素,进而促进中华文化和思想的传播及交流。

一、白鲁恂简介

　　白鲁恂(Lucian Pye,1921—2008年),美国政治学家、著名汉学家,曾任麻省理工学院教授。1921年,白鲁恂出生于中国山西汾阳县(今汾阳市),其父亲瓦茨·派伊毕业于美国卡尔顿学院,是一名传教士,母亲格特鲁德·夏尼·派伊是美国外交使团委员会(American Board of Commissioners for Foreign Missions)的传教士。受父母和环境的影响,白鲁恂自幼掌握了汉英双语,对中国文化有一定了解。在汾阳县完成小学和初中的学习后,白鲁恂回到美国俄亥俄州读高中,1943年毕业于卡尔顿学院。之后,他应征入伍,担任驻华第五海军陆战队情报官员,并获少尉军衔。幼时和军队经历使白鲁恂对中国文化逐渐敏感起来。1947年,白鲁恂考入耶鲁大学,最终获博士学位。1956年,白鲁恂就职于麻省理工学院国际研究中心,担任政治学教师。白鲁恂对第三世界,尤其是中国政治非常感兴趣。20世纪五六十年代,他成为第三世界国家政治发展和现代化理论的开拓者之一。

他主要研究文化差异在第三世界国家政治发展中的特殊作用,以及中国古代文化如何影响中国古代政治的发展。他被誉为政治文化概念最早的实践者和提倡者,影响了美国几代政治学学者。他先后任职于美中关系委员会、美国外交关系委员会,曾担任美国政治学会(the American Political Science Association)主席,还曾担任约翰·肯尼迪等几位总统候选人的顾问。其著作主要有:《中国政治的变与常》《中国人的政治精神》《亚洲权力与政治:文化方面的权利》《中华人民共和国现代化进程中的冲突与联盟》和《毛泽东传》等。

二、白鲁恂的"中国政治文化观之道德政治"

研究了大量中国古代前秦思想后,白鲁恂认为"中国个人社会责任与整个社会秩序的源头可追溯到道德。中国政治文化可以看作是'道德政治文化',道德是政治的必要条件,是政治的起源"[1]。中国的德治观念与西方传统法治观念相距甚远,白鲁恂对此产生了浓厚兴趣。在中国古代社会,儒家学说道德观占据了主导地位,道德在先秦便有体现。例如,《道德经》中有"善者吾善之,不善者吾亦善之,德善"的说法。以孔子为代表的儒家学派传承并发扬了崇尚道德的传统,开创了一套完备的道德理论体系,奠定了中华民族传统道德的基础。中国人自古就尊崇道德,道德观根深蒂固。

白鲁恂在分析中国人的行为时指出:"多数中国人确信中国在道德上即

使不是完全,也是部分优越于其他国家。"[2]中国自古尚德的优良传统是中国古代"以德治国"的政治基础。先秦百家思想纷纷呈现出不同的以德治国的观念,儒家思想逐渐占据主导地位,有良好德行的掌权者施行德政,惠及天下万民,自然能得到众人的拥护。德治不仅是中国古代的治国理政理念,也是中国古代百姓服从君王统治的标准之一。

在研究德治的基础上,白鲁恂进一步阐释了中国古代君主"以德治国"的内在逻辑:中国古代,政治人物道德高尚、地位显赫而获得权威,权威和地位使政治人物获得了政治权力,这就形成了"政治道德—政治权威—政治权力"的模式。这种道德政治文化的逻辑有三个方面含义。第一,高尚的道德情操是掌权者的必然要求。第二,统治者始终都维护自己的道德形象,进而保住自己的权力。第三,如果掌权者的道德受到人民质疑,其权力和权威便岌岌可危。白鲁恂指出:"在中国人的意识中,统治者的德行和恶行是他们成败的决定性因素。"[3]白鲁恂认为人民认同的政治权力才是一种常态的权力,那些通过暴力占据权力地位的人不能获得大众认同,其权力也不具合法性,"其他国家信仰上帝并诉求于暴力统治的优势,中国人认为政府是一种道德力量,君王应该以优良的道德和行为实行统治"[4]。例如,汉代时期,儒家思想进一步强化,董仲舒提出了"罢黜百家,独尊儒术"。在这种大环境的影响下,汉文帝厚赏诸侯,重农轻赋,宽刑减法,勤俭节约,施德惠于各个社会阶层,印证了"德主刑辅""以德治国"的儒家理念。这种道德理念提升了他在百姓中的地位,获得了权威,而这种权威无形中赋予了汉文帝政治权力。秦的暴政便是一个反例。秦统一六国后,成了最强大的帝国,但秦朝只存在了十五年。秦始皇在统治时期,大修建宫殿和陵墓,制定严刑酷法,对匈奴用兵,极大地加重了人民的徭役和赋税负担。秦始皇还"焚书坑儒",强调法治,而非德治,最终被项羽和刘邦领导的农民起义推翻。白鲁恂认为中国政治的基础是"以德治国",统治者要树立高尚的道德情操,为民着想和以德治国,这样才能巩固自己的政治地位和权力。

三、白鲁恂的"中国政治文化观之派系政治"

在《中国人的政治精神》中,白鲁询认为中国古代社会有明显的权威危机,权威危机是派系政治形成的前提之一,派系政治是权威危机的结果。父系家庭是中国古代社会的主要的单位,儿童首先感知到的权威来自严父。儿童步入社会前已经认识到,遵从权威和按规矩办事会获得安全和荣誉,所以中国人自小便期待权威。中国人步入社会后发现,社会以家庭政治运行,服从权威和压抑自己是最好的选择。[5] 中国孩子自小接受了父亲在家庭中的权威,在成长过程中认为遵循权威才有安全感,对权威的认同自然延续到了中国古代的权威政治。

中国人也会质疑权威,因为政治权力是国家的意识形态,并非家庭中亲密关系。这种质疑可能会导致人们对政治权威的信任危机和派系政治的出现和发展。中国人自古崇尚集体主义,政治权力陷入危机后,社会就会出现不同派系,形成了派系政治。白鲁恂认为关系政治奠定了派系政治的基础。这三者之间有着密不可分的关系:权威危机助推了关系政治的发展,关系政治进一步影响了派系政治的发展。不同于西方国家的利益集团,中国更加强调以关系为基础的派系。[6] 关系成为影响中国古代政治的重要因素,人们只有在社会关系网络中体现自我价值,才会获得认可和为社会做出贡献,不同地位和不同关系的个人具有不同的、适当的行为。[7]

一定程度讲,以关系为基础的政治派系多以血缘和地缘关系而组建。例如,西周的宗法制和分封制。两者都以血缘关系为纽带,保持严格的等级关系,宗法制是分封制的基础,分封制是宗法制的具体表现,其核心都是嫡长子继承制。宗法制分为大宗和小宗,周天子是最大的宗,其他的大宗和小宗都是相对的。嫡长子的同母弟或庶母弟为小宗，所以大宗和小宗是为了处理嫡长子和他的庶弟之间的关系而设立的。因此，周天子是大宗，被分封的庶子是小宗，而小宗内又有大宗和小宗之分，大宗的权位也由嫡长子继承，逐层向下分封。

《诗经·小雅·北山》写道："普天之下，莫非王土；率土之滨，莫非王臣。"《仪礼·丧服》中写道："为人后者孰后？后大宗也。曷为后大宗？大宗者，尊之统也。"所以宗法制和分封制不仅体现了密切和严格的家庭等级关系，还体现了上下级的政治隶属关系。派系政治以关系政治为基础，在古代西周广为流传和发展，派系政治是关系政治的必然结果。中国社会几乎没有出现超越家庭、宗族及人际关系的社会融合。[8]中国古代夏朝出现了父权家长制，父权的血缘继承加强了父系家长的权威，开创了中国家庭的父权制和国家的王权制。世袭制的基础是父权家长制，父权对家庭成员和财产有支配权。周朝是父权家长制形成的重要时期，父子的关系犹如君臣，属于支配与被支配关系。父权扩展成治权，治权和父权关系强化为以尊卑为名的人身依附，尊贵者控制了卑贱者。中国古代官员的政治权力和权威依赖于关系政治。

在谈及中国古代政治时，白鲁恂频频提到"安全感"。他认为中国古代政治人物形成派系的共识旨在获得安全感。在中国古代的朝堂中，很多政治官员形成共识和派系，获得彼此支持，以求安全感。价值的分歧和敌对关系是令人无法容忍的。在儒家思想的熏陶之下，中国人认为共识的破裂会带来极为恐怖的结果。[9]根深蒂固的"关系"和"共识"的观念会助推派系的出现和发展。但是白鲁恂的观点透露了西方文化的优越感，对中国古代政治问题的观点也失之偏颇。此外，白鲁恂在做问卷调查时，只采访了少部分人，其调查结果值得商榷。

四、结语

白鲁恂以独特的视角阐述了中国道德政治观和中国派系文化观,有助于美国人对中国政治和文化的了解。20世纪60年代中期,白鲁恂任职于美国美中关系全国委员会,曾担任代理主席,该委员会为1971年美国乒乓球队访华作了很多努力,奠定了中美正式建交的基础。白鲁恂不仅致力于研究中国古代政治,对中美外交关系的发展也做出了积极的贡献。他在分析中国古代政治的过程中,表现出了民族的优越感,但其研究成果依然具有重要意义。

参考文献

[1]韩茜:《白鲁恂关于中国派系政治文化之评述》,《赤峰学院学报》(汉文哲学社会科学版),2013年第9期。

[2]张英魁:《中国传统政治文化及其现代价值——以白鲁恂的研究为考察中心》,中央编译出版社,1988年。

[3]张英魁:《中国传统政治文化及其现代价值——以白鲁恂的研究为考察中心》,中央编译出版社,1988年。

[4]汪晖:《科学的观念与中国的现代认同》,广西师范大学出版社,1997年。

[5]翟韬:《家庭教育与中国革命——白鲁恂对中国革命的"另类"解读》,《文化纵横》,2009年第10期。

[6]韩茜:《白鲁恂眼中的道德政治观》,《产业与科技论坛》,2012年第21期。

［7］Pye, W. Lucian, *China : An Introduction*, Little, Brown and Company, 1991, p.258.

［8］Pye, W.Lucian, *Civility, Social Capital and Civil Society : Three Powerful Concepts for Explaining Asia*, MIT Press,1999, p.763.

［9］［美］白鲁询：《中国政治的变与常》，胡祖庆译，台北五南出版社，1998年，第203、249页。

牟复礼：中国古代思想观的传播者

牟复礼，美国著名汉学家，主要研究中国古代思想和哲学，包括古代政治哲学、中西父权对比、中国古代宗教。他为中西文化交流与传播做出了杰出贡献，促进了中美文化传播和交流。

一、牟复礼简介

牟复礼（Frederick Wade Mote，1922—2005 年），美国汉学家、中国学家、东亚学家，其中文名源于《论语》中的"克己复礼"。牟复礼出生于美国内布拉斯加州普莱恩维尤。1943 年，他应征加入美国空军。1942 年，他曾选修过中文大学课程，所以空军选派他到哈佛大学学习，他在著名中国问题研究专家费正清的指导下学习了一年汉语。二战后，牟复礼被南京大学录取，主修中国历史，1948 年毕业并获中国历史学学位。1950 年，牟复礼返美，到华盛顿大学继续学习中国历史，1954 年获博士学位。1956 年，他应聘到普林斯顿大学，担任中国历史与文明学助教，1959 年晋升为副教授，1963 年评为教授。1969 年，他创办了普林斯顿大学东亚学系，该系最后发展成全美国乃至西方学界研究中国历史的中心之一。他是美国哲学学会(American Philosophical Society)的成员之一。1966年,他成为中华人民共和国学术交流委员会(Committee on Scholarly Communication with the People's Republic of China)的创会成员之一,1976—1981年间担任执役委员。1972年,他成为美国学会理事会(American Council of Learned Societies)的中华文明研究委员会(Committee on Studies of Chinese Civilization)的委员,1974—1978年间担任该委员会主席。1984—1990年间,他担任史密森委员会(The Smithsonian Council)的成员,1991年起被任命为荣誉成员。1986—1995年间,他担任史密森学会(Smithsonian Institution)的客席委员会委员。牟复礼一生从事汉学和中国历史研究相关工作,对中国文化的海外传播做出了积极贡献,架起了中美文化沟通的桥梁。牟复礼主要著有《中国思想之渊源》(*Intellectual Foundations of China*)、《剑桥中国明代史(1368—1644)》(*The Cambridge History of China, Volume 7 – The Ming Dynasty, 1368–1644*)等。

二、牟复礼的中国观

(一)牟复礼的"中国古代政治哲学观"

为了促进西方对中国古代思想文化的了解,牟复礼写了《中国思想之渊源》一书。此书介绍了中国世界观,对先秦儒家、道家、墨家和法家的百家争鸣作了详细分析,认为中国思想起源于春秋战国时期。对于中国古代哲学,牟复礼认为:"中国哲学强调人类的心理及对心理因素的洞察,这很能证明一种观点:中国哲学就其一般而言,是心理哲学。尤其是在儒家的事物框架里,心灵对道德影响极为敏感。"[1]换句话说,心理因素和道德有着密不可分的关系。在儒家学派中,道德是统治社会的根基。"修其心,治其身,而后可以为政于天下"即说明了心灵和道德相辅相成,这两点做好之后,统治者便可以很好地治理天下。在中国古代,儒家强调以德治国,而法家却强调以法治国。牟复礼提道:"在中国古代,法并不是那种超越的法(transcendent law),其政府也不是法的政府(government of law),在后者中,法是高尚而不可侵犯的,它对所有人一视同仁,体现了非人格化的公正的准则。而中国古代的法律只是国家的工具,为了适应君主的方便可以擅改,而不付出太大的道德代价。"[2]古代中国的法治并没有对国家与社会的发展起到与德治相辅相成的作用,即统治者并未将道德和法律真正结合在一起,所以才会出现暴政这样的情况。例如,秦始皇推出焚书坑儒,严刑酷法,对文化进行专治,滥用法律,花费大量的人力物力财力修建阿房宫。说到底,中国古代政治哲学观是心理的哲学,因为理想的大同社会并不是靠法的强迫,而是靠心理的引导。再如,汉文帝在位期间重农轻赋,宽刑减法,亲民爱民,勤俭节约,为百姓创造了一个真正的和谐社会,使百姓富足,安居乐业,施德惠于各个阶层,开启了"文景之治"。所以统治者要做好修身齐家,做到真正关心和爱护百姓,不随意利用所谓的"法"来满足自己的个人利益,真正做到德法兼备,只有这样,国家才能长久,社会才能和谐,人民才能舒心。

(二)牟复礼的"中西父亲权威观"对比

除了谈及中国古代的百家思想,牟复礼还从很多方面对比了中西思想,例如,中西方的权威。就父权这一问题而言,牟先生认为中国人比西方人更加受父权权威的影响:"中世纪的教徒可以通过从事服务上帝的某种职业来逃脱父权的约束。作为儿子,如果不愿意继续待在自己的家庭里生活,他们可以加入教会,成为神职人员,被别人以父相称。而在古代中国,身为人子不孝则为人不齿。即便在国家的观念看来,孝悌也重于忠君和国事。"[3]为什么中国古代如此注重父权的影响呢?在中国古代,人们以依靠自然的小农经济为主体,家庭和家族是社会经济组织的基本组成部分,经济基础决定了上层建筑,所以中国古代思想便逐渐形成了重血缘、重伦理的特征。据西周时期的《礼记·内则》记载:父母怒不悦,挞之流血,不敢疾怨。秦二世矫诏赐蒙恬扶苏死,扶苏说:"父赐子而死,尚安可复请?"由此我们可以看出,至少在先秦古代中国,即便是法律,也非常维护父亲的权威。"自从儒家引进伦理以后,'父亲'便在政治和文化意义上走得更远。文化符码化的'父亲'由于其和数千年的封建父权的密切联系,成为中国传统文化中道德和权威的原型性形象。"[4]虽然说西方中世纪教徒可以通过加入服务上帝的某种职业逃脱父权的束缚,但在中世纪以前,西方社会在古罗马时期也是农业社会,父亲也有掌控孩子一切权威,包括生杀权。随着古罗马审判和国家制度的不断完善与进步,父权受到了很大的限制,即父亲不能随意滥用自己的权威。同时,在"公元前3到2世纪,罗马经济和社会关系发生深刻变革,从自然经济过渡到商品货币经济,以商业和金融高利贷为职业的骑士阶层兴起,所以使罗马宗法制家庭的基础开始动摇,家长的权力被削弱了"[5]。而中国古代的法律虽然也在逐步减少父权的绝对控制权与影响,收回了父亲的生杀权,但是始终没能跳出父权的间接影响,因为父亲随时可以以不孝为理由请求法律的宣判,而法律也是不会拒绝的。通过对中西方古代的父权对比,牟复礼向我们展示了不同环境、思想与法律导致两种文化的差异,这不仅有利于我们了解中国古代文化,同时也促进了我们对西方古代文化的进一步了解。

(三)牟复礼的"中国人的宗教观"

牟复礼认为中国古代的宗教观是分散的,并没有形成像西方宗教那样的系统性制度。对此,他提出了这样的观点:"对于外来者而言,他最难以发现的是中国没有创世的神话,这在所有民族中,不论是古代的还是现代的,原始的还是开化的,中国人是唯一的。这意味着中国人认为世界和人类不是被创造出来的,而这正是一个本然自生(spontaneously self-generating life)

的宇宙的特征,这个宇宙没有造物主、上帝、终极因、绝对超越的意志,等等。"[6]儒家思想作为中国古代的正统思想,一直提倡"未知生,焉知死"的不可知论,使中国的神话体系受到了儒家思想的"侵蚀",所以中国古代宗教观是不成体系的。因为受儒家思想的影响,中国古代政治和人民便不可避免地与这种分散的宗教观联系在一起。换句话来说,中国古代的宗教并不是独立存在的,而是被当作辅助道德伦理和政治管理的辅助工具。当宗教所提倡的观念与社会伦理道德相违背时,则会引起激烈的冲突。例如,佛教教义带有极其强烈的出世主义色彩,出家人应该远离世俗尘嚣,潜心修炼,顿悟佛门,将世俗的家庭和伦理道德看作修行路上的绊脚石。而中国古代正统儒家思想宣扬的则是"忠孝",例如《论语·里仁》中"父母在,不远游,游必有方";"父母之年,不可不知也,一则以喜,一则以惧",都宣扬了孝道的重要性。尽管佛教也有劝孝的思想,但是孝道毕竟不是其主流思想,尤其是出家为尼等出世的思想与中国伦理道德相违背,与儒家入世思想相去甚远。

除了伦理道德的束缚之外,古代统治者也加强对宗教的控制与利用来巩固其统治。"在宗教组织中,宗教领袖在信徒乃至普通民众心目中具有崇高的威望和极大的影响力,拉拢宗教上层人士就成为各朝代一致的政策。如宋太祖、宋太宗曾利用华山道士陈传制造和传播'紫微星君下凡'的神话,为他们夺权制造舆论;元代忽必烈对南方道教正一派天师张大可、张宗演等人的恃宠和利用,都从中获得了极大的政治好处。在拉拢中也没有忘记管理,规定宗教领袖只有经过政府认可才算合法,将他们牢牢控制在手中。"[7]所以中国古代并没有形成系统的、集中的宗教体系。

三、牟复礼的贡献

（一）对二战中美盟友的翻译工作做出了一定的贡献

1941年12月7日，日本海军的航空母舰舰载飞机和微型潜艇突袭了美国海军太平洋舰队夏威夷基地珍珠港，太平洋战争由此爆发，这次袭击最终将美国卷入第二次世界大战。太平洋战争爆发以来，作为同盟国的一员，中国与美国建立了盟友关系。为了尽快停止战争，美国当时急需一批懂得汉语的人才。年轻的牟复礼应征入伍，因有一年汉语基础，便被派往哈佛学习，进一步学习汉语。此后，"他作为情报员前往中国工作，无论是在昆明和国民党打交道，还是在张家口和共产党接触，他的汉语能力都得到了中国同行的赞赏"[8]。所以在促进中美二战友好同盟过程中，牟复礼为两国做出了一定的贡献。

（二）创办东亚学系，促进美国的汉学研究

二战后，普林斯顿大学始终都没有一位在岗的全职中文教师。1956年，热衷于汉学研究的牟复礼毅然选择到普林斯顿大学担任中国历史与文明学助教。除了研究中国历史以外，牟复礼一直都是推动普林斯顿大学乃至美国中文教学与汉学研究的重要人物。初到普林斯顿大学，牟复礼发现几乎很少有同学选修汉语学习，换句话说，当时普林斯顿大学的汉语教学并未成为系统化的规范学科。在牟复礼和同事们的一起努力之下，该学科推出了首批毕业生，这无疑是一个好的开端。牟复礼通过不断努力，于1969年创办了东亚学系，成为普林斯顿大学东亚系的奠基人和创始人，并将其发展成全美国乃至整个西方研究中国历史的中心之一。牟复礼的研究和他对建立、发展东亚学系的举措，加强了美国对中国历史及汉学的研究，促进了中美两

国的文化交流，建立起沟通两国文化的桥梁。

（三）将西方对中国的偏见最小化

牟复礼在研究中国人的世界观时提出："由于把假定的基本类比当作事实，西方人在翻译中国典籍时依赖的是我们自己文化的表达，进行似是而非的比附，并且以此机械地解读中国典籍，这满足的不过是西方人喜欢在其他文化中听到回声的癖好。"[9] 牟复礼在研究中国汉学时，对中国古代的历史和思想作出客观公正的表述与评价，强调不要因为个人种族的优越感而对别的国家的文化解读带有偏见。除此之外，他还对中国与西方的古代思想进行对比，提出了自己独特的见解，这无疑很好地促进了中西方文化的求同存异与扩展交流。在研究中国人最早的世界观的过程中，牟复礼也认为："《易经》作为古代文献对我们最重要的意义就是传达了一种最早的世界观，这种世界观后来更加完善清晰。西方人却很少认识中国人的这种世界观，并且仍然没有正确地给予关注。"[10] 由此可见，牟复礼做到了正确看待和理性评价中国古代的世界观，力图消除西方人对中国的认识偏见。

四、结语

牟复礼从不同的角度认识并总结了中国古代的思想渊源和历史，对汉学的钻研正如其他一些汉学研究者那样，已经到达了较为高深的境界：世界上的人类和民族应该是平等的，不分高低，不分优劣，文明与和平的理性思想是促进人类共同进步的阶梯。牟复礼不仅促进了西方世界对中华民族文化的了解，而且力图消除"西方中心论"的偏执观念。牟复礼研究汉学的过程启示我们：在跨文化交流中，对待不同的文化，我们应当求同存异，兼容并蓄，取其精华，弃其糟粕；既要尊重本民族文化的价值，又要尊重其他民族文化的价值；要有开放的胸怀，善于发现其他民族文化的优点；要做好文化交流的使者，大力宣传与弘扬中华民族的优秀传统文化，只有这样，才能使中国文化进一步走向世界。

参考文献

［1］［美］牟复礼：《中国思想之渊源》，王立刚译，北京大学出版社，2009年，第43页。

［2］［美］牟复礼：《中国思想之渊源》，王立刚译，北京大学出版社，2009年，第44页。

［3］［美］牟复礼：《中国思想之渊源》，王立刚译，北京大学出版社，2009年，第22页。

［4］王丹：《父权的衰微从五四启蒙运动谈起》，《湛江海洋大学学报》，2005年第5期。

［5］王世军、魏茂恒：《罗马家庭制度变迁刍议》，《南京师大学报》（社会科学版），1998年第4期。

［6］［美］牟复礼：《中国思想之渊源》，王立刚译，北京大学出版社，2009年，第13页。

［7］郜耀昌：《中国古代封建统治者对宗教的管理》，《江南社会科学学报》，2003年第4期。

［8］顾钧：《美国汉学纵横谈》，华东师范大学出版社，2016年。

［9］［美］牟复礼：《中国思想之渊源》，王立刚译，北京大学出版社，2009年，第13页。

［10］［美］牟复礼：《中国思想之渊源》，王立刚译，北京大学出版社，2009年，第12页。

倪德卫：章学诚思想和西周年代史研究的先驱

二战后，美国开始实施全球称霸战略，关注远东局势的变化，重视对这一区域的研究，因此美国汉学研究日趋盛行。倪德卫是二战后著名的汉学家，对中国思想的研究非常深刻，将分析哲学运用到中国思想史的研究中。他不仅对西周诸王年代的研究和章学诚的生平及其思想的研究做出了重要贡献，而且为促进中美文化之间交流发挥了重要作用。

一、倪德卫简介

倪德卫（David Shepherd Nivison，1923—2014年），美国著名汉学家，德行兼修、仗义执言，备受中外学人推崇。1923年1月17日，倪德卫出生于缅因州法明代尔。1940年，倪德卫进入哈佛大学，与中文结下了不解之缘，但是他的学习被二战打断了。1945年战争结束后，他回到哈佛大学，1946年毕业获中文学士学位。同年，他在哈佛大学开始攻读中文研究生，1953年获博士学位。杨联升和洪业是他早期的中文老师，对他从事中国问题研究影响颇深，激发了他对近代中国史学的兴趣。1948年开始，倪德卫任教于斯坦福大学,最初担任中文教授,后来受聘于哲学系、宗教研究系和东亚语言系。他的主要研究领域是中国古代思想史、哲学、中文及西周系年,擅长做文献学精细分析和哲学思辨。他在哲学领域的主要贡献是将分析哲学应用于中国思想研究。在汉学领域,他的最大贡献之一,是在考古天文学的基础上推算出周朝建立的时间。倪德卫的代表作有《儒家之道:中国哲学之探讨》(*The Ways of Confucianism: Investigations in Chinese Philosophy*)、《〈竹书纪年〉解谜》(*The Riddle of the Bamboo Annals*)、《章学诚的生平及其思想》(*The Life and Thought of Chang Hsueh-ch'eng*)等。

二、倪德卫关于章学诚的研究

美国的汉学研究虽然起步比欧洲晚,但大有后来居上之势,特别是二战以后,随着汉学研究的专业化和大量研究机构的建立,美国的汉学研究步入了发展的快车道。[1]倪德卫作为20世纪重要的汉学家,为美国战后的汉学研究做出了巨大的贡献,而其中关于章学诚的研究,更具有宝贵的借鉴价值,促进了中美双方之间的文化交流。章学诚是一位清代思想家,在史学、哲学、目录学等方面均有杰出的研究,并用毕生精力撰写了《文史通义》等论著,发展了中国古代史学理论,对后世产生了深远影响。其中《文史通义》与唐代刘知几的《史通》齐名,被称为中国古代史学理论的"双璧"。倪德卫初逢章学诚是他在哈佛大学读书的时候,他的老师洪业向他介绍了章学诚,没想到这便是他以后的主要研究方向,《章学诚的生平及其思想》成为他的成名作。这本书著于1966年,距如今已经几十年之久,但是此书对于国内外章学诚研究依然具有重要学术价值。

《章学诚的生平及其思想》是一部传记体思想史,分为十章。倪德卫按照章学诚的生平娓娓道来,将其生活经历——从最初的背景、教育到后来取得丰硕的成果,及其思想结合起来阐述其中的联系。倪德卫的描写让读者清晰地认识了这个有血有肉的真实人物。该书清楚地阐述了章学诚的思想形成的过程,比如1763年他在湖北协助父亲修纂地方志,开始思考地方志;1766年,他参与了《国子监志》的修纂;1787年,他通过自荐得到了毕沅的赏识,开始修纂《史籍考》,这一工作促成他完成了《文史通义》的主要写作。

《章学诚的生平及其思想》一书以传记形式将章学诚个人经历与其思想联系起来,完整地展现了章学诚思想形成的复杂过程。倪德卫的研究形式和研究方法也值得后人称赞。他首先收集和分析了章学诚的著作和相关研究著作,还研究了同时代与章学诚有相似点的思想家们的论著和评论,总结归纳了章学诚所处的时期中国的历史特点,这些对他后来的创作至关重要。其次,他研究了"章学诚的史学思想、文学思想、方志学、校雠学思想等。在这些大标题下具体探讨了其'六经皆史'思想、博约思想、高明与沉潜思想、国家与个人之思想、官师思想、言与意之思想等等"。[2] 由此可见,倪德卫系统而全面地研究了章学诚。除此之外,倪德卫还将章学诚的思想与西方一些哲学家、思想家的观点进行比较,凸显了他研究的全面性。有些学者认为倪德卫对章学诚思想的研究具有主观性,一些认为书中还有一些考证错误,但是总体而言,倪德卫的著作是海外第一本研究章学诚的专著(内藤湖南、戴密微的研究皆是论文形式)。其研究的深度和广度令人称道,极大地推动了海外研究中国古代文学理论和史学的发展,促进了中美汉学交流。

三、倪德卫关于西周系年的研究

倪德卫作为美国重要的汉学之一,为美国的汉学研究做出了巨大贡献。他在考古天文学的基础上推算出周朝建立的时间是1040年。以倪德卫为代表的海外学者认为,《今本竹书纪年》中的年代是目前最早的年代记录,虽然共和元年前的年代不一定都准确,但批判地分析《今本竹书纪年》中的年代,有助于得出正确的年代。因此,倪德卫根据《今本竹书纪年》以及相关考古资料研究了夏商周的年代。2009年,北华艺学术出版社出版的《〈竹书纪年〉解谜》是其代表作。倪德卫还与邵东方合作编辑了《今本竹书纪年论集》,专门讨论《今本竹书纪年》的真伪问题。晚年,他专注于中国古代编年的研究,其成果极大地推动了西方汉学研究,影响了中国的三代纪年研究,促进了中美文化交流。很多西方研究中国古代编年的学者也都接受过他的教导,如夏含夷、班大为等。倪德卫自1979年起,开始致力于甲骨文、金文和古代天文学的研究,而他对于甲骨文的兴趣"开始于吉德炜在伯克利成为加利福尼亚大学历史系的教员后",当时因为他"对《孟子》中汉语文法的疑问促使他穿越旧金山湾去学习解读这些铭文"。[3]1979年11月的一个周日晚上——在准备关于微氏家族铜器的课程时,倪德卫注意到有四件铜器上的日期可以一起比较研究,他开始认为"这些共同元素使我们推测到,四器同属于一个短命王朝,因为所有纪年都很短"[4]。然而这一推测很快被推翻,却深刻影响了他的研究方向。倪德卫后来回忆道:"不到5分钟,我就意识到眼前令人难以置信的材料,将是我余生的主业……《竹书纪年》并非伪书,而是无价的史料。"[5]一本本不该有用的书——今本《竹书纪年》现在变得很有用。大家都认为这是一部伪作,大概伪造于明代,当时距离原本亡佚已过了很长时间。但它确实记载了完整的西周纪年——如果它记载的西周编年与事实相差不远,那么它究竟是什么样的文献?我们又该如何推断这些年份离事实有多近?[6]自此往后,倪德卫倾注全部精力从事三代纪年的学术研究。

他收集了各方面的资料,并结合《今本竹书纪年》,研究夏商周三代的编年问题,其成果在国际学术界引起了强烈反响。中国的"夏商周断代工程"1996年5月正式启动,2000年9月结题并发布《夏商周断代工程一九九六——二〇〇〇年阶段成果报告(简本)》和《夏商周年表》,引起了国际各界的质疑。其中引起巨大反响的就包括倪德卫在《纽约时报》发表的评论。倪德卫认为《今本竹书纪年》对研究中国上古时代编年具有重要的参考价值,任何恢复准确年代的企图都必须从分析《竹书纪年》开始。倪德卫据《今本竹书纪年》得出西周行"二元制"的结论,并在其书《〈竹书纪年〉解谜》中阐释了他的想法,后来又发表了多篇学术文章阐述其观点。[7]在《〈竹书纪年〉解谜》中,他假定:文献中各王的在位年数通常指完成对先君的服丧期之后的年数,内容大体上分为三部分,第一部分提到了夏朝建立之后的确切日期,介绍了班大为和彭瓞钧在天文学上的发现;第二部分评价了中国的夏商周断代工程,论证了居丧之后(即位)的假说及远古时期的三年之丧制度;最后一部分,倪德卫运用夏含夷的一个发现,对《竹书纪年》原始文本的前三百零三条竹简(约是全部的七分之五)进行了重构。在一次关于夏商周断代工程的会议中,倪德卫表明西周年代学还有很多基本问题未能达成共识,断代工程并不成熟。除此之外他认为"历史文献定年与考古测年是两种完全不同的方式,难以整合"[8]。

在三代纪年的研究中,如何整合文献与考古研究是最大难点。倪德卫善于观察,对比、分析和研究收集的材料,他根据《今本竹书纪年》得出的西周年表对夏商周三代编年研究具有重要的参考意义。倪德卫的观点在一定程度上给中国夏商周断代研究提供了新的研究思路,促进了中美学术交流,弘扬了中国传统文化。

四、结语

作为美国汉学研究的主要人物,倪德卫对于章学诚思想及夏商周三代纪年的研究做出了巨大的贡献。首先,《章学诚的生平及其思想》一书为美国汉学中章学诚思想研究提供新思路,促进了美国汉学的发展,弘扬了中国近代史学。其次,他根据《今本竹书纪年》创作的《〈竹书纪年〉解谜》等一系列研究成果,推动了美国关于夏商周三代纪年的研究,为中国的"夏商周断代工程"项目提供了宝贵的学术意见,促进了中美文化交流。倪德卫的历史贡献启示我们:在文化交流中,我们要重视中国传统文化、经典著作,树立文化自信;同时我们要善于学习其他文化研究中的可取之处,取其精华,弘扬中国传统文化。

参考文献

[1]顾钧:《美国汉学的历史分期与研究现状》,《国外社会科学》,2011年第2期。

[2]贾庆军:《自由主义学者眼中的章学诚——倪德卫的章学诚研究解析》,《云梦学刊》,2010年第6期。

[3]夏含夷:《我与倪德卫教授关于早期中国编年的辩论》,《中华读书报》,2016年9月7日。

[4]Nivison, David S., The Dates of Western Chou, *Harvard Journal of Asian Studies*, 1983, p.493 .

[5]李润权:《交流与争鸣:记中外学者关于夏商周年代的一场论战》,《考古》,2003年第2期。

[6]李润权:《交流与争鸣:记中外学者关于夏商周年代的一场论战》,《考古》,2003年第2期。

[7]倪德卫:《"今本"〈竹书纪年〉与中国上古年代研究——〈竹书纪年〉解谜概观》,《北京师范大学学报》(社会科学版),2009年第4期。

[8]李润权:《交流与争鸣:记中外学者关于夏商周年代的一场论战》,《考古》,2003年第2期。

高居翰：中国绘画的海外知己

高居翰，中国绘画史专家，曾任美国加州大学伯克利分校艺术史教授。他一生致力于中国传统绘画艺术研究，提出让绘画通过画史进入历史的学术理念，推动中国绘画艺术走向世界。

一、高居翰简介

1926年，高居翰（James Cahill，1926—2014年）生于加利福尼亚州布拉格堡，自小热爱艺术人文。1943年，高居翰考入加州大学伯克利分校，主修英语文学，后转入日语专业学习。1946—1948年，他先后到日本和韩国担任日语、韩语翻译。在此期间，他经常光顾古董店，激发了他对中国古代书画艺术的兴趣，开始收藏绘画作品。1948年，他返回伯克利分校继续学习，1950年获东方语言专业文学学士学位。

大学毕业后，高居翰到华盛顿特区弗利尔艺术馆实习，开始研究中国绘画史。当时，弗利尔艺术馆与密歇根大学安纳堡分校交流紧密，高居翰在密歇根大学安选修了中国艺术史。1951年，高居翰考入密歇根大学，师从罗樾。罗樾是西方世界中国艺术史研究的奠基者之一。在他的指导下，高居翰于1953年和1958年分别获艺术史硕士和博士学位。1953—1954年，高居翰到美国大都会博物馆实习，得到了阿兰·普利斯特和阿什温·利普等学者的指点。1954年，他获得富布赖特奖学金（Fullbright Scholarship），到日本学习和交流了一年，完成了博士论文。1955年，他到欧洲并协助瑞典艺术史家喜龙仁完成了其七卷本《中国绘画：大师与法则》（*Chinese Painting：Leading Masters and Principles*）的创作。

1956年，高居翰返回美国。1958—1965年，他任职于华盛顿特区弗利尔美术馆，担任中国书画部顾问。1965年起，他担任加州大学伯克利分校中国艺术史教授，直至1995年荣誉退休。1995年和2007年，他分别荣获"杰出教学终身成就奖"和"杰出艺术写作终身成就奖"。2010年，他获得史密森学会（Smithsonian Institution）颁发的"弗利尔勋章"（Charles Lang Freer Medal），以表彰他在中国艺术研究领域的终身成就和杰出贡献。

高居翰著作颇多，包括《中国绘画》（*Chinese Painting*）、《隔江山色：元代绘画（1279—1368）》（*Hills Beyond a River：Chinese Painting of the Yuan Dynasty, 1279-1368*）、《江岸送别：明代初期与中期绘画（1368—1580）》（*Parting at the Shore：Chinese Painting of the Early and Middle Ming Dynasty, 1368-1580*）、《山外山：晚明绘画（1570—1644）》（*The Distant Mountains：Chinese Painting of the Late Ming Dynasty, 1570-1644*）和《中国古画索引》（*Annotated Lists of Chinese Painting*）等。其著作被翻译成中文、日文、韩文以及多种欧洲国家文字，传播到世界各地，推动了中国绘画史的发展。

二、让绘画通过画史进入历史

高居翰从分析作品风格特征入手，运用社会学方法研究作品及风格成因,让绘画通过绘画史进入历史的学术思想。"让绘画通过画史进入历史,是高居翰的研究口号,他一生倡导从社会历史视角研究中国画。"[1]在高居翰看来,"如果研究者只关心绘画作品的风格,不考虑社会诸因素对画家风格选择的影响,就不可能完全了解绘画本身"[2]。他强调研究绘画作品"要想想它是如何被创作的? 在何种环境之中被画出来的? 在它所属的时代、社会背景之下,它扮演着何种角色?"[3]

20世纪70年代,高居翰撰写了《隔江山色:元代绘画(1279—1368)》《江岸送别:明代初期与中期绘画(1368—1580)》《山外山:晚明绘画(1570—1644)》。[4]他研究了元明画坛的风格变换,分析了文人、业余画家,讨论了宫廷、职业画家,阐释了不同画家的社会及经济地位对其画风的影响。 1982年,他出版了《气势撼人:17世纪中国绘画中的自然与风格》。[5]他运用视觉研究的方法,对张宏、董其昌、吴彬、陈洪绶、弘仁与龚贤进行了个案研究,认为这些画家受到了西洋画风格与图画概念的影响。[6]洪再新认为这是"上世纪最精彩的一部中国绘画史论著"[7]。方闻对其"西方绘画影响论"提出了质疑。高居翰坚持让绘画通过画史进入历史的学术理念,不断拓展和推进中国绘画史研究。

三、传播中国绘画艺术

作为弗利尔美术馆中国书画部的顾问,1961—1962年,高居翰参与策划了美国华盛顿、纽约、波士顿、芝加哥、旧金山四大城市"中华文物"巡回展览。在华盛顿国家美术馆,他拍摄了几百件展品,将照片分享给美国中国艺术史专业学生,让更多的西方人了解中国绘画的魅力和价值。

1973年,高居翰跟随美国艺术史学家考古团队访问中国。1977年,他任美国中国古代绘画代表团主席,再次出访中国。20世纪80年代起,高居翰多次来在中央美术学院和中国美术学院做专题讲座和参加研讨会，他与中央美术学院和中国美术学院保持了长期的学术交流和往来。1997年，中国美院举办了"潘天寿纪念讲座"，他成为第一位主讲人。20世纪80年代末，他向中国美术学院美术史论系捐赠了数百册专业书籍，特别是国外各大拍卖行的拍卖图录，为当时艺术市场方兴未艾的中国，打开了了解国际艺术市场的一扇窗户。[8]他希望图书馆不仅要充分开放，而且要允许研究者借阅。2013年6月24日，高居翰先生又将两千余册个人藏书捐赠给中国美术学院图书馆。这些藏书，主要是欧美国家20世纪以来研究中国美术史的代表著作、欧美国家的中国艺术收藏家的著录和相关资料，以及西方学者翻译和研究中国文化的各类著作。除此之外，还有一万两千多幅中国美术史数字图像资料和三千六百余张教学幻灯片，大部分是高居翰先生参观全球各大博物馆时拍摄的极其珍贵的资料。[9]高居翰晚年录制了自己关于中国美术史的成果与心得，通过网络传播给世界。越来越多的海内外学者通过高居翰留存的文献与图像资料了解了中国艺术，中国绘画艺术逐渐成为世界的学问。

四、结语

高居翰长期研究和传播中国的绘画艺术，主张让绘画通过画史进入历史，是最了解17世纪中国绘画的美国人。作为西方中国艺术史最具影响力的学者之一，高居翰推动了中国绘画艺术研究的发展，塑造了西方世界对中国艺术，尤其是对中国绘画的认知。

参考文献

[1]孙行之：《辞别翰墨丹青》，《第一财经日报》，2014年2月19日。

[2]陈云海:《拓展的视野:汉学与艺术史的交融》,《南京艺术学院学报》(美术与设计),2012年第5期。

[3]洪再新:《高山仰止——高居翰教授与中国绘画史研究》,《新美术》,2011年第2期。

[4][美]高居翰:《中国绘画史方法论》,《新美术》,1990年第1期。

[5]吴瑶:《作为美国的中国艺术史学者高居翰》,《美术学》,2014年第12期。

[6]葛韶然:《他山之行:高居翰的中国绘画史研究之路》,《美术观察》,2017年第8期。

[7]洪再新:《高山仰止——高居翰教授与中国绘画史研究》,《新美术》,2011年第2期。

[8]毛建波、高居翰:《中国艺术的翰墨知音》,《光明日报》,2014年2月25日。

[9]俞吉吉、童健、廖垣:《向世界讲述中国艺术的故事——高居翰数字图书馆展示万余幅图千余册书》,《文化交流》,2017年第5期。

傅高义:哈佛大学的"中国先生"

　　傅高义是美国著名的东亚问题研究专家,精通日文和中文,对当代中国和日本具有独到的见解,被誉为哈佛大学的"中国先生"。他在《邓小平时代》等著作中向西方展示了当代中国改革开放的新变化,有利于西方认识和了解中国,也有助于中国融入世界。其中国问题的思想有助于我们更好地了解西方世界中的中国形象,管窥西方世界研究中国政策的演变。

一、傅高义简介

　　傅高义(Ezra. F. Vogel,1930—2020 年)的学术生涯始于日本研究。1958 年,傅高义获哈佛大学博士学位,随即前往日本进行调查研究。此间,他关注日本中产阶级的生活状况,撰写了《日本的新兴中产阶级:东京郊区的工薪阶层及其家庭》(*Japan's New Middle Class:The Salary Man and His Family in a Tokyo Suburb*)一书,奠定了其在日本研究领域的地位。1961 年,傅高义接受费正清的邀请,到哈佛大学东亚研究中心从事博士后研究,开始学习中国历史、语言和文化,奠定了日后从事中国研究的基础。

1963年夏,傅高义到达香港"大学服务中心"。此后一年,他收集书籍、报刊资料,近距离观察中国共产党领导下的中国。傅高义早期想研究中国城市和农村,但由于条件局限和资料收集的困难,该研究没有顺利进行。在社会学学科思维的影响下,他意识到中国不同省份的社会问题差异巨大,在社会大变革中,与其研究北京,不如选择广东进行个案研究。粤港毗邻且同文同宗,便于获取相关信息,尤其是日常报刊等素材。于是,傅高义决定研究1949年后广东社会发展情况,以此作为了解红色中国的路径。傅高义广泛搜集信息,几乎读遍了《南方日报》《广州日报》《羊城晚报》和《上游》等广东地区的官方报刊,他还得到一些人的帮助,包括其后来的研究助手陈仲文。他先后出版了《共产主义下的广州:一个省会的规划与政治(1949—1968)》(*Canton under Communism : Programs and Politics in a Provincial Capital, 1949–1968*)和《先行一步:改革中的广东》(*One Step Ahead In China Guangdong Under Reform*)等书。

二、对中国改革开放的研究

通过研究当代广东,傅高义见微知著,深入了解了当代中国。他在广东结识了许多党内高层人士,为其写作《邓小平时代》提供了丰富的资源。中共十一届三中全会之后,广东成为中国对外开放的试验田,经济发展速度长期领先全国,吸引了许多外国学者到广东实地调查。

1979年后,傅高义每年到中国近距离观察中国改革开放的成果。1987年,他受广东省政府邀请,到广东进行了长达八个月的实地考察,先后走访了三个经济特区、十四个地级市、七十个县和大量企业,在此基础上完成了《先行一步:改革中的广东》一书。[1]该书体现了傅高义出色的社会学功底,他使用了访问广东当地党政官员时获得的数据和官方的统计数据。《先行一步:改革中的广东》以变革为核心,共有变革之风、变革模式、变革的推动者和变革前景四部分。该书介绍了广东改革的缘由、特征及其进程,分析了广东不同区域在改革浪潮中的发展机遇及其遇到的瓶颈。傅高义非常重视刻画人物,从党政领导到企业负责人,从国企职工到个体户,从先进模范到社会群体,他都进行了详细描述。无论是论述广东前十年改革(1979—1988年)的巨大成就,抑或报道广东改革所存在的问题时,他都尽量立足科学研究进行客观评述,没有哗众取宠、言过其实或恶意攻击之意。

如何实现从社会主义计划经济过渡到以市场经济为主的较为开放的经济形式,这既是20世纪80年代中国面临的现代化难题,也是改革开放的使命所在。改革开放后广东经济腾飞,开启了社会主义国家改革的成功范例。傅高义在更广阔的视野中透视和分析了广东的发展,与东亚新兴工业化经济体作了比较,具有重要意义。在相同文化背景,土地面积大致相当的情况下,广东起步较晚。但经过大概十年改革开放后,其发展速度相当之快。广东的成功受益于改革开放政策,推动了这项政策的继续发展和完善。通过实地调查,傅高义分析了广东成功的因素,对广东未来发展方针提出许多中肯的意见。比如,他建议制定一个具体的未来时间表、解除价格管制、抑制通货膨胀、完善市场规章制度等十二条建议,这些方案在后续的改革中都得到不同程度的完善。[2]傅高义站在时代高度,强调中央领导对"广东试验成功"的影响。20世纪80年代,广东发展一直领先于全国,他认为这是邓小平有意"把广东作为全国其他地方仿效的标杆"[3]。

《先行一步:改革中的广东》体现了当时中国研究的新态势,即研究者纷纷转向"过渡社会"这一范畴。傅高义不仅分析了广东经济成功的原因,而且预测了广东会有更美好的发展前景,"如果政治环境能够给予广东人民更多机会,那么在今后的岁月中,他们将会取得更大成就"[4]。中国今日的富强得益于改革开放,而广东是改革中的领头羊。广东在改革开放中迅速崛起,铸就了改革开放的时代意义。傅高义肯定了广东党政领导坚定的改革政策，从社会学视角观察到了广东的地缘优势。从一定程度上讲，广东的成功得益于毗邻香港的地理优势。

他认为，香港发达的生产、管理技术和雄厚的资本是促成广东经济快速发展最重要的因素。明清以来，广州一直是中国对外贸易的主要港口。1949年后的近三十年间，广东与全国其他地区一样，几乎与外界断了联系。当中国政府决定重新打开国门时，广东经济发展最匮乏的是资金、技术、管理经验和市场等因素。尽管当时香港仍在英国治理之下，但绝大多数居民皆为广东移民及其后裔，乡土情结使得这些人希望重建与故乡的联系。更重要的是，香港先进的生产技术、管理经验及充裕的资金与广东廉价的劳动力形成了完美互补。香港的成功激发了广东人变革的激情。对广东而言，"香港已经成为现代化的象征，没有任何其他地方能像香港一样给他们的观念造成如此巨大的冲击"[5]。

事实证明了傅高义的推断，广东地区的经济发展程度与香港的相邻有着密切关系。随着改革开放的推进，广东各地区间差距越来越大，逐渐形成"经济特区—珠江三角洲乡镇—非珠江三角洲地区—边远山区"的发展格局。傅高义认为，广东与香港是一衣带水的相邻关系，两地的文化特征、语言风俗、民众性格都非常相近，因此在交往上存在诸多便利。当然广东在改革开放中的成功不仅具有客观优势。傅高义强调了广东地缘优势，也没有忽视其他重要原因，如广东人民吃苦耐劳、敢为人先的性格都是广东快速发展的主观因素。作为广东省政府的座上宾，他不仅报道中国发展的积极面，还实事求是地列举了广东在十年改革中存在的问题与不足之处，如市场尚未完全开放、"瓶颈"现象比比皆是、政府机构办事效率不高、贪污腐败等。[6]

三、对邓小平的研究

进入21世纪，傅高义对中国的研究主要集中在邓小平时代。他认为邓小平时代非常有特色，体现了时代的转折，见证了改革开放和经济快速发展和中国的现代性问题。他认为从社会学视角观察和研究这一时期具有重大意义，这就促使了《邓小平时代》这本著作的问世。其研究范围扩大到了中国的整个改革开放时代。

《邓小平时代》一书一经出版就引发了学术界和社会的广泛关注。2012年1月18日，傅高义完成了《邓小平时代》后，他在香港中文大学发表演讲，表示"我不同意说邓小平开始了改革开放，他的贡献在于他成功控制了开放的进程"。

四、结语

傅高义是享誉中国的西方学者，其研究中国的方法和分析框架引起了国内学界关注和重视。在当今海外中国学中，傅高义对广州的研究仍被看作区域性个案研究的典范。由于受过专业社会学训练，傅高义运用社会学分析框架研究当代中国，研究了广东地区的变化过程，这种研究路径使其成果具有较强的说服力。傅高义具有强烈的人文关怀，不仅分析上层建筑的运行机制，还关心民众在政治体系运行中的个体命运。读者从其著作中可以了解到国家、社会和民众在社会重构过程中的不同作用。傅高义研究了从新中国成立初期的广东到改革开放中的广东，再到邓小平时代的广东。其研究循序渐进，由远及近，从小到大，反映了西方对当代中国认知的变化。

参考文献

[1]窦新元:《重提"先行一步"意味着什么?——访哈佛大学费正清研究中心傅高义教授》,《南方经济》,2003年第4期。

[2][美]傅高义:《先行一步:改革中的广东》,凌可丰、丁安华译,广东人民出版社,1990年,第401页。

[3][美]傅高义:《邓小平时代》,冯克利译,生活·读书·新知三联书店,2013年,第412页。

[4]周晓虹主编:《全球化视野下的中国研究》,中国社会科学出版社,2012年,第6~8页。

[5][美]傅高义:《先行一步:改革中的广东》,凌可丰、丁安华译,广东人民出版社,1990年,第46页。

[6]鲁开垠:《超越国界的改革效应——评〈先行一步:改革中的广东〉》,《开放时代》,1992年第3期。

孔飞力："中国中心观"的代表人物

孔飞力，美国著名汉学家，"中国中心观"的代表人物，强调在历史内部发展中寻找中国社会转型变化的原因。他关注中国社会的"独特性"，尝试从中国社会内部重新发现中国历史发展规律。

一、孔飞力简介

1933 年，孔飞力（Philip Alden Kuhn，1933—2016 年）生于英国伦敦。1950 年，他毕业于美国华盛顿特区的威尔逊高级中学，同年考入哈佛大学。1954 年，他毕业于哈佛大学，获学士学位。1954—1955 年，他在英国伦敦大学东方与非洲学院学习日语与日本历史。1955 年夏，孔飞力在加利福尼亚州蒙特利的军队语言学校学习中文，从此对中国文化和历史产生了浓厚兴趣。1958—1959 年，他在乔治城大学攻读硕士研究生。1964 年，他获哈佛大学历史与远东语言博士学位。他曾任哈佛大学费正清研究中心主任，先后担任该校东亚文明与语言系主任和芝加哥大学远东语言文化系主任，曾获包括古根汉姆学术研究奖（Guggenheim fellowship）在内的多种学术荣誉。他主要研究晚清以来的中国社会史和政治史。20世纪70年代中期起,他主要研究海外华人移民史。其主要著作有《中华帝国晚期的叛乱及其敌人》《叫魂:1978年妖术大恐慌》等,并参与编写了《剑桥中国晚清史》和《剑桥中华民国史》。孔飞力被认为是继费正清之后,引领美国中国近代史研究走向新方向的重要学者之一。

二、"中国中心观"的提出

"冲击—回应"的近代中国史观曾盛行于美国汉学界,其实质是"西方中心论",理论依据是中西文化冲突。费正清认为,中国和西方代表着两种截然不同的文明,本质差别在于前者是落后的,后者是先进的。他指出:"两种文明是水火不相容的。"[1]中国文明是一种"停滞的农业—官僚政治文明"[2]。这种文明是"古老的""变化缓慢的"。[3]中国文明中充斥着"惰性和固执"。[4]西方文明是一种"扩张性的商业—工业—军事型的文明",洋溢着勃勃生机,是"现代的""更有生气的",因此"中西价值观、风格和惯常做法等方面的文化冲突也是不可避免的"。[5]他推断,"这种冲突是必然的,而且西方必然胜利"[6]。中国传统数千年以来停滞不前,缺乏突破传统的内在动力,"必须借鉴外来文化实行现代化"[7]。中国只能在西方的冲击下,被迫作出回应,走上现代化进程,这就是费正清的"冲击—回应"模式。此外,费正清把中国近代历史分为三个阶段:19世纪40年代至50年代,中国遭受西方沉重打击;19世纪60年代至90年代,西方逐渐成为中国效仿的榜样;20世纪,西方成功地鼓舞了中国进行了共和革命、国民革命和共产主义革命。[8]费正清将近代中国的变革与西方的"冲击"联系起来,夸大了西方冲击的作用,是典型的西方中心主义。西方的冲击的确直接影响了鸦片战争后中国历史的发展进程,但中国社会的发展进程最终取决于自身的规律,任何外来冲击只有通过中国社会内部因素才能起作用。

20世纪60年代末70年代初,国际局势风起云涌,美国的中国学迎来了新的发展时机。美国国内危机的影响、中美关系的缓和、主流学术思潮的变化使得美国中国学界的学术方法和学术理念发生了重要变化。[9]费正清的"冲击—回应"近代中国史模式遭到了批判,"中国中心观"逐渐兴起。这一思想倡导以中国为出发点,采用多学科协作的研究方法深入探讨中国社会内部的变化动力与形态结构。它力图摆脱殖民主义的框架,从中国社会内部探索其发展,是70年代以来美国中国问题研究的基本取向。保罗·柯文是韦尔斯利学院历史系名誉教授和哈佛大学费正清研究中心研究员,其主要研究领域是19世纪至20世纪的中国史、历史编纂学、国家主义等。柯文建构了"中国中心观",孔飞力是这一思想的倡导和践行者。

柯文详细阐释了"中国中心论"。①从中国而不是西方着手研究中国历史,尽量采取内部而不是外部准绳决定中国历史的重要性;②把中国按"横向"分为区域、省、州、县与城市,开展区域与地方历史的研究;③把中国社会按"纵向"分为若干不同阶层,推动较下层社会历史的撰写;④采用非历史学学科中的理论、方法与技巧,力求把它们和历史分析结合起来。[10]这一研究思想与费正清的"冲击—回应"模式形成了鲜明对比,否定了用西方标准衡量中国历史的观点,要求在中国历史环境中研究中国问题,要求西方学者通过"移情"进入中国社会内部,"了解中国人自己是怎样理解、感受他们的近代历史"[11]。所谓"移情","就是要'卸下'那张包裹着史学家自身文化的、历史的乃至个人的'皮',进入研究对象的'皮'中去"。[12]这样,西方学者才能"卸掉"西方文化的皮,更好地感知中国的历史文化。

受此思想的影响,很多著名学者相继出版了一批经典学术著作,如魏斐德和卡罗林·格兰特合编的《中华帝国晚期的冲突与控制》、施坚雅主编的《中华帝国晚期的城市》、史景迁和约翰·威尔斯合编的《从明到清》等。在众多的学者中,孔飞力无疑是最有影响力的学者之一。刘广京曾以孔飞力的《中华帝国晚期叛乱及其敌人》一书为例,称誉他是美国20世纪探讨中国社会史动态最杰出的史家。[13]在美国中国史研究转向"中国中心观"的过程中,孔飞力一直引领学术潮流,成为美国第二代汉学家的领军人物。

三、孔飞力"中国中心观"的特点

(一)主张中国史研究的"内部取向"

孔飞力之前,无论是倡导"冲击—回应"模式的费正清等中国史研究者,还是主张"传统—近代"模式的李文森等研究者,都认为中国历史在西方入侵前始终处于王朝循环的"停滞"中,西方的冲击促使中国遵循西方道路走向"近代"社会。[14]孔飞力反对以西方冲击来衡量近代中国的历史进程的研究思想。他在《中华帝国晚期叛乱及其敌人》一书中,对中国"近代"始于鸦片战争的说法提出了异议,认为这一说法暗指"在这一时代,控制中国历史发展的主要力量并非源自中国社会和传统",但是"中国政治制度的稳定性有其内在的社会根源"。[15]因此,中国近代的开端源于中国内部社会结构的变革。

孔飞力在《民国时期的地方税收与地方财政》一文中,分析了里甲制因为人头课税而衰落的过程,而太平天国时期士绅负责课税,本质实则是中央权力延伸到地方。[16]近代中国的一些具有"近代"特性的历史现象,是中国历史自身发展的结果,与西方"冲击"并无多大的关系。孔飞力对西方"冲击"研究方法的否定动摇了美国当时一切以西方"冲击"为标准的中国近现代史的研究学风。

（二）反对用西方"术语"研究中国近代史

受"西方中心论"的影响，许多美国中国史研究者认为只有符合西方现代化的中国历史才值得研究。一些主张"中国中心观"的学者注重从中国传统中探求历史发展的真相，但他们在西方学术传统的影响下经常使用西方术语研究中国历史的发展。20世纪80年代，罗威廉、蓝钦和史大卫等学者在研究中国史中使用了"公共领域"（Public Sphere）和"市民社会"（Civil Society）两个概念。他们认为中国古代没有市民社会，但是19世纪末期中国已经发展出类似于欧洲资产阶级初期特有的一些"公共领域"和"市民社会"的现象。这些学者重点解释了中国历史的内部发展，纠正了过去中国无力创造历史和必须依赖西方"冲击"的偏见。但是这些研究陷入了另一误区，即试图把中国和西方的历史等同起来，把西方的学术规范运用到中国史的研究中。

孔飞力不同意这一做法，他认为欧洲的"公共领域""市民社会"这些概念太过宽泛，而且不同时期对这些概念的定义也不同，直接运用到中国历史研究中并无益处。他认为研究中国历史不能套用西方术语，而应"忠实地把握住中国的实际脉络"[17]。孔飞力提出的避免使用西方学术分析中国历史的观点，有利于美国史学界在探讨中国问题时减少"西方"色彩。

四、结语

作为"中国中心观"的倡导者和实践者，孔飞力强调从历史内部寻找中国社会转型的原因。他关注中国社会本身的"独特性"，尝试从中国社会内部重新发现中国历史的发展规律。这一思维模式改变了西方"冲击"的研究学风，对美国中国学具有重要意义。然而，由于过分夸大中国历史发展的独立性,孔飞力忽视了西方入侵对中国的影响;同时,他的论著大多是个案研究,缺乏对近代中国全局性的系统研究。这些是其"中国中心观"研究方法的不足之处,一定程度上影响了中国史研究的客观性与科学性。

参考文献

[1][美]费正清:《剑桥中国晚清史(1800—1911)》(上卷),中国社会科学院历史研究所编译室译,中国社会科学出版社,1985年。

[2]王新谦:《对费正清中国史观的理性考察》,《史学月刊》,2003年第3期。

[3][美]费正清:《剑桥中国晚清史(1800—1911)》(上卷),中国社会科学院历史研究所编译室译,中国社会科学出版社,1985年。

[4][美]费正清、赖肖尔:《中国:传统与变迁》,陈仲丹、潘兴明、庞朝阳译,江苏人民出版社,1996年,第262页。

[5][美]费正清:《天津教案背后的模式》,《费正清集》,林海等译,天津人民出版社,1992年,第258页。

[6][美]费正清:《美国与中国》(第四版),张理京译,世界知识出版社,2003年,第150页。

[7][美]费正清:《美国与中国》(第四版),张理京译,世界知识出版社,2003年,第134页。

[8]米姝利:《从传承到转变:费正清与孔飞力的中国近代史研究》,吉林大学2013年硕士毕业论文。

[9][美]柯文:《在中国发现历史——中国中心观在美国的兴起》,林同奇译,中华书局,2002年,第1页。

[10][美]柯文:《在中国发现历史——中国中心观在美国的兴起》,林同奇译,中华书局,2002年,第201页。

[11][美]柯文:《在中国发现历史——中国中心观在美国的兴起》,林同奇译,中华书局,2002年,第2页。

[12][美]柯文:《在中国发现历史——中国中心观在美国的兴起》,林同奇译,中华书局,2002年,第81页。

[13]刘广京:《30年来美国研究中国近代史的趋势》,《近代史研究》,1983年第1期。

[14]陈君静:《孔飞力和他的中国近代史研究》,《史学理论研究》,1999年第2期。

[15][美]孔飞力:《中华帝国晚期的叛乱及其敌人》,谢亮生等译,中国社会科学出版社,1990年,第8页。

[16] Philip Alden Kuhn, Local Taxation and Finance in Republican China, in *Selected Papers from the Lenter for Far Eastern Stadies*, University of Chicage, 1978–1979, pp.100–136.

[17]陈君静:《孔飞力和他的中国近代史研究》,《史学理论研究》,1999年第2期。

墨子刻：新儒学思想及其与中国 政治文化联系的分析者

墨子刻，是美国著名中国问题专家。1977年，墨子刻在《摆脱困境——新儒学与中国政治文化的演进》一书中从"政治文化"角度揭示了宋代以后新儒学与政治发展之间的关系。这是美国汉学研究的重大突破，享誉美国学术界。

一、墨子刻简介

墨子刻(Thomas A. Metzger, 1933—)，1933年生于德国一个犹太家庭，二战期间由于希特勒迫害犹太人，墨子刻全家移民美国，定居波士顿。他获芝加哥大学学士学位、乔治敦大学硕士学位和哈佛大学博士学位，是美国著名中国学专家，曾任美国斯坦福大学胡佛研究所资深研究员。20世纪50年代，墨子刻对毛泽东思想产生了浓厚兴趣，在斯诺《红星照耀中国》的影响下，开始学习中文，希望深入了解中国。他是哈佛大学费正清的第一代弟子，长期关注"中国往何处去"的问题，这是他逐渐深入研究中国思想和文化的根本动力。

墨子刻热衷于研究中国历史，热爱和尊重中国文化。他在推崇中国文化，也批判中国传统文化中的乌托邦精神。通过比较中西政治传统与知识传统，墨子刻深刻体会到了西方对中国近代思想精神的冲击。其主要著作有《清朝官僚体系的内在组织：合法的、标准化的、沟通的因素》《摆脱困境——新儒学与中国政治文化的演进》等。

二、墨子刻的"困境意识"

（一）"困境意识"的起源

"困境意识"源自墨子刻的《摆脱困境——新儒学与中国政治文化的演进》一书，该书问世于20世纪70年代末，享誉美国学术界。该书从"政治文化"视角揭示了宋代新儒学与政治发展之间的内在关联。该书并非关于理学或理学史的学术专著，其重点并非分析儒学与经济文化的关联，而是试图厘清理学与当代中国政治文化的关联，理解中国政治文化的本质。该书由五个章节构成：依赖性与中国家族主义的人文理论、唐君毅的儒家自我完成的概念、新儒家的困境意识、新儒学与中华帝国晚期的政治文化、高涨中的乐观主义和西方时代中互相依赖的精神气质。[1]墨子刻提出了新儒学"困境意识""相互依赖的精神气质"的观点和"现代中国与前现代中国之间的一贯性"等。

墨子刻的新儒学思想认为，"个人能够唤起一种神圣的道德力量；但是，这一信念无法和个人的忧患意识相互矛盾，无法混合在一起，因而陷于一种困境之中"，这是一种"困境意识"。[2]新儒家认为社会追逐私利，受到制度化弊端的限制。在实际事务中，人们只能转向温和现实主义，不能去追求传统理想，即不能追求社会和谐、政治清明和经济繁荣。人们仍然决意要追求这一理想,内在生活就成为千里之行的第一步。[3]一定程度上讲,新儒家的困境在于真理是可望而不可即的。面对这种内外不同的世界,新儒家不再关注和谐,更加注重奋斗。面对这种道德危险,新儒家产生了忧患意识,这是一种困境意识,促使新儒者努力摆脱道德困境。

(二)困境意识与中国政治文化的联系

这种困境意识与中国传统或现代政治文化之间有密切联系。墨子刻认为中国政治有两种基本模式,即激进主义与温和主义。激进主义强调君主和中央集权,相信通过一种正确原则改造社会。国家应该全面控制社会,直接动员群众,一切私有利益让位于国家和民众的需要,国家制定法律、加强道德、训导人民,提高全社会的道德水准。温和现实主义强调地方管理,认为社会很难改造,政治行动是逐步性的,国家只能松散地、不完全控制社会,精英而不是国家有责任动员群众,私有权利应得到尊重,诱导人民服从法律,应着力提高官僚而不是民众的道德水准。[4]

汉唐时期,学者认为君子的政治参与、儒者的政治措施可以改造社会,王安石变法使这种乐观的激进主义达到高峰。变法失败后,儒家放弃了依据制度改造社会的措施,儒家在学术上注重内心生活和在实际事务中转向了温和的现实主义。这并不意味着儒家放弃了追求社会和谐、政治清明、经济繁荣的传统理想,温和现实主义的转向是与强大的现实的妥协,在道德理想上产生了紧张的困境感。

三、相互依赖精神

墨子刻在《摆脱困境——新儒学与中国政治文化的演进》一书中还提出了"相互依赖"的概念,即儒家伦理和中国文化中的依赖关系。这并非依赖社会上层权威，而是个人与超越性源泉的相互性关系，个人与集体的相互关系。自我依赖具有超越性，这种超越性是自我的内化，依存于自我之中。个人与宇宙、社会的关系不是单向的，而是相互依赖。儒家伦理并不是"依赖性的社会取向"，而是"相互依赖的精神气质"。

墨子刻认为相互依赖的精神气质包含五方面内容：难以捉摸的内在本体论，强调作为认识和论证目的的普遍道德真理的认识论，影响本体论、认识论、伦理概念和社会概念的"极权主义"趋势，包含相互依赖和权威两种概念间紧张关系的社会规范，道德成功与失败的危险区分带来的道德—心理生命概念。[5]"相互依赖"的哲学意义是相互依存、相互作用，在伦理、政治上倾向于建立在相互关系基础上的"合一""统一""群体""集权"。集体的、互相协助的道德成功的大同社会体现了这种精神气质的具体含义。

道德观是重要因素之一，群体与个人在理想的社会中相互依赖，共同取得道德成功，这对中国知识分子有强烈的吸引力。在20世纪的社会运动中，这种精神激发了一种放之四海而皆准的道德精神，用于改变现实社会。这是儒家固有的理想之一，成为20世纪中国人接受革命的重要方式。20世纪革命运动倡导"在恶劣的人类物质条件基础上完全可能建立一个理想的道德成功的政治社会"，这是一种"新乐观主义"，不同于西方主导的观念传统和新儒家的困境意识，但与相互依赖的精神气质密切相关。[6]新乐观主义透露了中国政治文化的非连续性，相互依赖的气质影响了政治文化演进的连续性。

墨子刻认为，"西方化和现代化有助于实现中国一些强烈的、长期受挫的愿望，尤其是那种以宇宙论为基础建立一个道德相互依赖的社会的愿望，这是一个'彻底的'集权的社会，能够解决遇到的'外在'问题"[7]。这种愿望与西方思想和行为的结合加速了中国变革。他还分析了毛泽东在现代化进程中成功的原因。他认为中国近代以来许多改革者和思想家都提倡改革、自强,但其主张在道德上是空虚的,没有成功地使用中国人的精神资源。他们无法激发中国人的团结精神,把这种精神转变成具体行动。毛泽东借鉴了早期现代化倡导者的成果,融合了宇宙、社会和"内在"的道德变革,满足了人们要求建立道德一致的社会的强烈愿望,个人不再是纯粹的自我,个人道德依赖于社会实践、参与和成果。[8]个人改造与社会变革合为一体。毛泽东思想符合中国传统,有助于实现中国长期的愿望。毛泽东唤起的精神在西方是陌生的,但是毛泽东思想承继了中国道德理想遗产,这种遗产使政府能够满足复杂组织的需要。

四、结语

墨子刻从新儒学思想和中国政治文化视角深入研究中国文化。他认为新儒家的精神资源或受其影响的前现代传统没有阻碍中国政治文化演进,是中国政治文化演变的内部动力之一。在现代化过程中,大规模的社会变革必然基于固有的精神遗产,从根本上不会与共同的文化取向或精神气质相冲突。

参考文献

[1] Metzger, Thomas A, *Escape from Predicament: Neo-Confucianism and China's Evolving Political Culture*, Columbia University Press, 1977.

[2] Metzger, Thomas A, *Escape from Predicament: Neo-Confucianism and China's Evolving Political Culture*, Columbia University Press, 1977.

[3]陈来:《困境意识与相互依赖》,《读书》,1992年第3期。

[4]王欢:《墨子刻对新儒学与中国政治文化的研究》,《华北电力大学学

报》(社会科学版)，2000年第2期。

［5］Metzger, Thomas A, *Escape from Predicament : Neo-Confucianism and China's Evolving Political Culture*, Columbia University Press, 1977.

［6］Metzger, Thomas A, *Escape from Predicament : Neo-Confucianism and China's Evolving Political Culture*, Columbia University Press, 1977.

［7］Metzger, Thomas A, *Escape from Predicament : Neo-Confucianism and China's Evolving Political Culture*, Columbia University Press, 1977.

［8］陈来：《二十世纪中国文化中的儒学困境》，《浙江社会科学》，1998年第3期。

柯文："中国中心观"及其影响的倡导者

长期以来，美国汉学家研究中国历史时过分强调西方文化对中国的冲击。20世纪60年代末，费正清提出的"冲击—回应"模式受到挑战，西方中心主义逐渐式微，以中国为出发点和发现中国自身历史的观点逐渐兴起，这就是柯文提倡的"中国中心观"。它挑战了"西方中心观"，影响了中国史研究。

一、柯文简介

柯文（Paul A. Cohen, 1934— ），美国著名汉学家。1934年，柯文生于美国纽约，1953年考入芝加哥大学攻读本科，1955年考入哈佛大学，师从费正清和史华慈，开始研究中国思想史和中西关系史，先后获硕士和博士学位。1962—1965年，他曾任教于密歇根大学和安默斯特学院。1965年，他任教于卫斯理学院，担任亚洲研究和历史学教授，兼任哈佛大学费正清东亚研究中心研究员。1990年和1992年，他分别出版了论文集《思想穿越文化：纪念史华慈中国思想论文集》（*Thought Crossing Culture: A Collection of Papers Com-*

memorating Schwartz's Chinese Thought)和《费正清的中国世界:同时代人的回忆》(Fairbank Remembered)。柯文一直批评和反思美国的汉学研究,著有《中国与基督教:传教运动与中国排外主义的发展,1860—1870》(China and Christianity: The Missionary Movement and the Growth of Chinese Antiforeignism, 1860-1870)、《在传统与现代性之间:王韬与晚清革命》(Beyond Tradition and Modernity: Wang Tao and Reform in Late Qing China)、《在中国发现历史——中国中心观在美国的兴起》(Discovering History in China: American Historical Writing on the Recent Chinese Past)、《历史三调:作为事件、经历和神话的义和团》(History in Three Keys: The boxer as Event, Experience, and Myth)等。

二、"中国中心观"的历史背景

"中国中心观"是一种与"西方中心观"相对应的对待中国历史发展的观点。费正清等学者支持"西方中心观",认为西方推动了中国历史的发展,是形成了"冲击—回应"的发展模式。20 世纪 60 年代末 70 年代初,世界格局发生了重大变化。民族解放运动如火如荼,越南战争、水门事件等让美国一些学者对美国与西方文明的精神价值产生了怀疑,学术界开始研究亚洲,不再以西方视角看待东方历史,形成了从中国视角研究中国历史的"中国中心观"。

(一)越南战争的影响

随着越南战争形势逐渐恶化,美国国内反战游行日益激烈,开始反思这场战争的意义。学术界也深入探讨了美国参与战争的原因、性质其影响。总体而言,美国普通民众和学术界都否定越南战争,认为美国"是一个犯了罪的国家,它的政策是邪恶的"[1]。费正清认为,美国对越南战争的失误决策源于对东亚研究的不足。青年学者通过越南战争看到美国根深蒂固的帝国主义政策,要求改革美国历史学研究的范式。越南战争的失败使美国历史学家重新思考他们信奉的学术框架,逐渐放弃的西方为视角研究他国历史的思维方式,"转向一种真正以对方为中心的史学,这种史学根植于中国,摆脱了西方历史经验"[2]。

(二)西方中心主义的衰落

19 世纪之后,西方资本主义在全球殖民扩张,西方史学界在西方"现代普适"思想的影响下逐渐控制了学术界。"西方中心论"逐渐兴起,即以西方的传统思想为出发点研究非西方的历史。20 世纪前期,西方史学界以欧洲为中心,西方中心观发展态势依旧强劲。直到 五六十年代,世界性民族解放运动逐渐兴起,欧美国家的霸权主义不断遭受挑战,世界范围内形成了一股反对"西方中心论"的浪潮。西方中心史观开始受到质疑,传统的世界史观也被越来越多的史家非议,并逐渐由新的全球史观代替,出现了斯塔夫里阿诺斯、麦克尼尔、巴勒克拉夫等一批新史家。

(三)新史学的影响

20 世纪 70 年代初,美国史学界兴起了新史学(New Historiography)研究热潮。新史学是历史学科与社会学科的结合,"自下而上"地研究历史发展。新史学与传统史学有很大的不同。在研究领域方面,十分注重对人类文明的整个发展过程和人类社会各个方面的研究;在研究方法和手段上,它不像传统史学那样讲究史料考据和校勘,重视文字史料运用,而是注重运用各种新的研究技术和方法。[3]以法国年鉴学派为代表的新史学对美国史学发展产生深远影响。年鉴学派提出了打破学科局限进行跨学科渗透研究的学术主张,结合了不断兴起的社会科学史学派的学术主张,形成了一股强大的学术思潮,推动了美国中国史研究的学术转向,使跨学科研究成为美国中国史研究的一个重要方面。

综上,越南战争、西方中心观的衰落以及新史学的兴起为美国中国史研究的转向提供了方法和思路,使传统美国史学逐渐式微,催生了"中国中心观"许多新的中国史学观。

三、"中国中心观"对"西方中心观"的批判

西方中心观主要有三种模式,"冲击—回应"模式、"传统—现代"模式和帝国主义模式。柯文的《在中国发现历史——中国中心观在美国的兴起》一书批判了这三种模式。

首先,对"冲击—回应"模式的批判。大多数研究中国近代史的学者认为鸦片战争是近代中国的起点,影响了中国历史的发展。费正清的"冲击—回应"模式是这一观点的集中体现,认为中国历史的发展是对西方刺激的回应。柯文认为:"这一模式的理论框架的前提假设是,19世纪,中国对西方的反抗影响了中国历史……在这段中国历史中,西方扮演着主动角色,中国则扮演着被动或回应的角色。"[4]柯文批判了这一思维模式,认为此模式阻碍了人们对中国与西方入侵的关联的认识。

其次,对"传统—近代"模式的批判。美国史学界一般认为费正清是中国史研究中"冲击—回应"模式的代表人物,"传统—近代"模式的代表人物是列文森。柯文认为这一模式是"冲击—回应"模式的延伸,指出了这一模式的弊端。第一,这种模式容易迫使人们将现实严格划分为两级,排除了中间的可能。第二,这种模式容易导致赫克斯特所说的"历史能量守恒"的假设。第三,"传统—近代"模式以整齐匀称的概念来描绘和解释了根本不匀称的现实。同时,柯文认为"近代"一词带有严重目的论性质,不符合历史现

实的发展规律。

最后,对帝国主义模式的批判。帝国主义论的主要代表人物是詹姆斯·佩克。帝国主义论者认为,帝国主义是中国近代史各种变化的主要动力,是中国百年来社会崩解、民族灾难、无法发展前进的祸根。[5]帝国主义者批判以费正清为首的美国中国问题专家,但他们坚持认为近代中国的重要变化是由西方冲击造成的。在柯文看来,帝国主义强调的对中国的影响只存在于经济领域,而非政治等其他领域。帝国主义模式倡导者认为:"帝国主义在19、20世纪中国政治和思想史中曾起过极为重要的作用,特别是促进了民族主义的崛起。"[6]但是他们认为在经济领域所起的作用——不论是好是坏——总的来说是比较有限的。柯文并不是认为西方的实际历史作用不重要,而是认为和其他因素相比,这种作用被夸大了,而且往往被错误地加以陈述,这是美国人研究中国时的思维模式造成的。

四、结语

柯文的"中国中心观"的核心是从中国内部出发研究中国近代史,从原来对近代史的文化研究转向为历史研究。中国中心观从"横向"和"纵向"把中国分为区域、省、州、县与城市,以此展开区域性与地方史的研究。在论述中国沿海文化时,他认为沿海文化与内陆有一定相似性,但也有自身特点,沿海地区最早受到西方影响,是中国官员等上层人士聚居地区,较内陆地区受西方冲击大,沿海地区自身发展也十分迅速。[7]中国中心观在美国研究中国史学界引起了重大反响。这一论断与传统的西方中心观模式相对立,体现了美国中国史研究的转向与发展,为美国中国史的研究提出了新思路和研究方法。

随着中国中心观的日益发展,对这一观点质疑的声音也越来越多。柯文也回应了一些质疑,认为中国历史具有强大的内在向心力,即使有外来影响也要注重其自身的实际历史国情。"中国中心观"力图从中国内部研究近代史的发展,打破了"西方中心观"的统治地位,摆脱了西方历史发展的束缚,开创了中国史研究的新局面。"中国中心观"关注了中国传统文化的传承与对社会变迁的影响,但忽视西方冲击促进中国封建宗法社会转型的作用。

参考文献

[1][美]约翰·斯帕尼尔:《第二次世界大战后美国的对外政策》,段若石译,商务印书馆,1980年,第431页。

[2]陈君静:《大洋彼岸的回声——美国中国史研究历史考察》,中国社会科学出版社,2003年。

[3]陈君静:《大洋彼岸的回声——美国中国史研究历史考察》,中国社会科学出版社,2003年。

[4][美]柯文:《在中国发现历史——中国中心观在美国的兴起》,林同奇译,中华书局,2002年。

[5]陈君静:《论柯文的"中国中心观"》,《史学月刊》,2002年第3期。

[6][美]柯文:《在中国发现历史——中国中心观在美国的兴起》,林同奇译,中华书局,2002年。

[7][美]柯文:《在中国发现历史——中国中心观在美国的兴起》,林同奇译,中华书局,2002年。

史景迁:叙事式著史风格的讲述者

史景迁,耶鲁大学中国史研究专家,历史系和东亚研究中心主任、美国历史学会主席。史景迁的历史作品选材独特,构思精妙,文笔简练而不失文采,在内容上深入浅出,尤其擅长人物和事件的叙述性描写。学界对其学术作品褒贬不一,莫衷一是。

一、史景迁简介

1936年,史景迁(Jonathan D. Spence, 1936—2021年)生于英国,大学就读于温彻斯特学院和剑桥大学,获剑桥大学学士学位。 1959年,史景迁获美仑奖学金(Clare-Mellon Fellowship),以交换学生身份到耶鲁大学攻读硕士学位,师从史学家费正清的学生芮玛丽。1965年,史景迁获耶鲁大学史学博士学位,其博士论文为《曹寅与康熙皇帝》。毕业后,他留校任教。史景迁非常敬仰中国汉代史学家司马迁,推崇司马迁叙事式史学风格,其中文名源自司马迁的谐音。史景迁被公认是16世纪以来最有影响力的汉学家之一,他详细描述了历史在塑造现代中国中的角色。[1]其著作《追寻现代中国》备受好评,已经成为研究近代中国史的教科书。他还著有《雍正王朝大义觉迷》,探究了中国18世纪历史。史景迁的专业史学著作成为畅销书,有利于中国历史知识在西方世界的传播。

二、以小见大,人民群众是历史的创造者

史景迁具有强烈的人文情怀,他以独特的视角研究悠久的中国历史,以"讲故事"的方式写作,是蜚声国际的汉学家。其著作《太平天国》《中国皇帝:康熙自画像》《胡若望的疑问》和《王氏之死》等深受广大读者喜欢,奠定了他新时代史学大师的基础。史景迁的著作具有以下特点:大众化的叙事风格、辩证的历史思维、以小见大的史学构思、移情的心理追寻以及文学化的历史叙事,这些特点贯穿于其作品中。

(一)《王氏之死》

《王氏之死》是史景迁早期写作生涯的代表作之一,其不拘一格的选材角度和丰富的叙事内容受到民众和学界好评,使其成为"现代西方杰出史学家"。《王氏之死》集中体现了他的人文主义思想。该书文笔优美、叙述流畅、史料多元、运用巧妙、结构严谨、布局独到、感觉敏锐、富有想象。史景迁无论介绍社会宏观背景,还是描述人物心理,其文字如行云流水,极大地增强了该书的可读性。历史是人的活动,历史的叙述本质是讲故事。中西方史学都有讲故事的传统。近代,以兰克为代表的实证主义学派追求史学的科学化,历史叙述越来越专业化、规范化,丧失了讲故事的优良传统。史景迁通过《王氏之死》再现了传统史学以优美的文字叙述故事的手法,把一个发生在清初中国底层的故事娓娓道来,让读者如同身临其境一般对书中的情节感同身受。

史料是史学的基础,一切历史写作都应该建立在尊重历史事实的基础上。近代,以兰克为代表的实证主义学派把史料提到了至高地位。在撰写《王氏之死》时,史景迁在史料收集、整理和运用上可谓独具匠心、颇具特色。该书选题独到,体现了人文主义思想。该书史料主要来自冯可参主编的《郯城县志》、黄六鸿的《福惠全书》、蒲松龄的《聊斋志异》。该书使用了蒲松龄的志怪小说《聊斋志异》中的材料,引起了广泛争议。史学被称为科学之学,求真是史家的目标,使用小说家的材料岂不是荒诞至极?史景迁认为问题的关键在于作者使用文学材料要解决什么问题。

(二)《太平天国》

《太平天国》是史景迁研究太平天国的重要成果,主要探讨了洪秀全及太平天国运动的基本观点,充分体现了其著史风格及特色,堪称其"叙事式史书"的代表作。史景迁从洪秀全的宗教思想视角,探寻了洪秀全建立太平天国的心路历程,栩栩如生地呈现了洪秀全"天府之子"的形象。

首先,史景迁写作《太平天国》的方法与"叙事史的复兴"潮流一致。史景迁的历史叙事别具特色,他不注重以社会科学理论解释历史,而是从细节上描写人物和环境的动态,使读者能够体验和感受曾经发生的故事。史景迁以"讲故事"的叙事手法讲述洪秀全的精神世界和思想,探寻他的行为逻辑。

其次,与孔飞力和魏斐德相比,史景迁擅长文学化的写作风格,将史实重现于纸笔。在其作品中,他大多描写人物的细节,通过描写人物细节和环境的动态展现活生生的人物和事件,读者可以了解许多故事细节。

历史研究以史料为基础,史料是分析问题和得出结论的依据。史景迁对史料更加开放,在税收记录、教堂记录等档案中挖掘史料,大胆采用地方志。在撰写《太平天国》时他主要采用了《花县志》,让读者了解到洪秀全所处的社会环境。报刊同样是史景迁的重要史料,其中包括《中国丛报》《广州记录报》等。回忆录也是他选取的重要史料,包括亨特的《广州番鬼录》等。从亨特的《广州番鬼录》中,读者可以了解广州十三行商馆的日常生活。史景迁史料使用了许多英文史料,尤其是大英博物馆中西方人对这场战争的记述。这些记述可能因异质文化导致理解误差;也可能因为记录者政治立场的差异,导致记录有失客观,还有可能出现事实错误等问题。[2]

三、"史书"还是"小说",史氏写作风格引发的争议

史景迁的叙事和描写的写作风格得到了学界广泛认同,但也有不少学者质疑和批评其作品。分歧在于他的历史书写方式。史景迁以"讲故事"的方法叙述历史事件,但是传统"故事"与"历史真实"的差异让执拗的人心生疑窦。[3]例如,《王氏之死》源自1673年的《郯城县志》、17世纪90年代官绅黄立鸿的县府私人回忆录和笔记,以及《聊斋志异》的部分内容,描述了小县城里的一个妇女和情夫出逃最终死去的故事,展现了17世纪中国郯城的地震、兵灾、饥荒、土地的暴力争夺、乡权冲突和贞妇烈女等。《聊斋志异》似乎有"不真实"之嫌,史景迁行文似乎有违历史的严谨性。罗伯特·恩特曼认为史景迁如果不研究动荡时期的山东一个贫穷和边缘化的乡镇,而是研究安定时期的一个富足的乡镇,那么将是另外一番景象。史氏无疑扭曲了传统中国形象,在引用资料时模糊了史实与小说的界限。[4]

第二个争议是,史景迁只描述历史细节,未曾使用学术名词。在《中国皇帝:康熙自画像》中,全文以第一人称讲述,一段段细节并列铺陈,甚至相互之间并无逻辑关系,引起了学界的批判。这些争议恰是史氏令人耳目一新之处。

《胡若望的疑问》主要讲述了18世纪一位广东基督教友胡若望受法国传

教士傅圣泽之聘前往欧洲,但因言语不通,行为怪异,最后被视为"疯子"而被关进精神病院的故事。全书以具体日期为经,一世情的起落为纬,将胡若望的法国之旅与不同场景串组起来,令人读起来仿佛身临其境。然而对于胡若望因何而"疯",史氏在书中却根本没有提及。西方历史学者将《胡若望的疑问》一书看作后现代史学著作,认为该书的文学色彩过于突出。伴随着胡若望的遭遇,作者的思绪纵横驰骋,历史与想象之间的界限变得愈发模糊,部分史学家认定此书为后现代史学之作。[5]胡若望从中国被带到法国,在异质氛围下演绎了许多令西方人不解的行为。史景迁根本无意涉及,这种写作模式大有写作小说之嫌。

面对学界的批评与质疑,史景迁坚持认为其著史方式没有超出正统史范畴。在他看来,注重历史人物与事件细节是其写作生涯中的一贯追求。[6]对于"后现代史学家"的称号,史景迁未曾承认过,也没有回击过这种论调。史氏不在意这个称号,但他坚决反对"历史小说家"的称号。在史景迁看来,史学家与"历史小说家"有共通之处,如注重背景和写作技巧等,但其区别与界限是泾渭分明的。

后现代主义者强调史学与文学之间的相互沟通,认为史学书写与文学无异,所谓的史实的真实性根本无从谈起。后现代主义史学注重研究下层社会、妇女和少数民族等弱势群体,企图取消历史与文学、过去与现在、真实与虚构的界限。[7]然而史景迁认为他提倡文学的目的在于增强作品的可读性,而事实的真实性是基本前提,颇具古典史学"文史不分"的传统。

四、结语

作为叙事史家的代表人物,史景迁独特的写史风格为史学界带来了一股清新之风,大多数人感觉枯燥无味、晦涩难懂的历史变得生动、鲜活起来。

史景迁以特有的方式阐释了东西方传统文化，留下了新时代文化思潮的印记。其独树一帜的写作风格遭到了学界指责与非议，但也有利于时代革新。

参考文献

[1]卢汉超：《史景迁谈史》，《史林》，2005年第2期。

[2]王庆成：《太平天国的历史和思想》，中国人民大学出版社，2010年，第614页。

[3]马敏：《耶鲁怪杰史景迁》，《读书》，1997年第6期。

[4]卫东：《历史学理论与方法》，北京师范大学出版社，2014年，第45页。

[5]古伟瀛、王晴佳：《后现代与历史学：中西比较》，台湾巨流图书公司，2001年，第323页。

[6][美]伊格尔斯：《二十世纪的历史学》，何兆武译，辽宁教育出版社，2002年，第155页。

[7]张广智：《西方史学史》，复旦大学出版社，2005年，第380页。

魏斐德:中国史研究新潮流的引导者

魏斐德,美国汉学家、历史学家、教育学家和社会活动家。魏斐德在中国明清史和中国近代史研究方面做出了重要贡献,引领美国汉学研究从"西方中心论"走向了"中国中心论"。[1]此外,他架起了汉学和西方学术沟通的桥梁,为汉学的海外传播奠定了基础。

一、魏斐德简介

1937年,魏斐德(Frederic Evans Wakeman Jr., 1937—2006年)生于美国堪萨斯城。其父亲是著名的小说家,因职业需要迁居不定,魏斐德自幼随父亲求学于不同国家和地区。1955年,魏斐德进入哈佛大学,学习欧洲史和文学,于1959年获文学学士学位。1960年,他前往法国留学。在法国,魏斐德对中国历史产生了兴趣,开始了中国史的研究。魏斐德十分仰慕美国著名的中国问题专家约瑟夫·列文森。返美后,他到加州大学伯克利分校攻读远东史专业,1962年获硕士学位,1965年在该校获博士学位。

二、魏斐德的治学之路

（一）早期中国地方史研究

《大门口的陌生人》是魏斐德早期的作品，该书研究了清朝末年中国向近代的转型。"大门"指清代中国广州，"陌生人"即外国人。《大门口的陌生人》以两次鸦片战争为线索，研究了这一时期广东省的社会动态，如官府、绅士、团练、农民等对外国的态度，各自的活动、相互间的关系及变化，揭示了中国近代史初期阶段的动向。

《大门口的陌生人》的初衷是研究太平天国运动的起因及发展。20世纪六七十年代，魏斐德受到了费正清的"冲击—反应"论和列文森的"传统—近代"论的影响。他认为中国传统文化是中国"停滞"的象征，造成了中国社会的封闭。[2] 随着魏斐德对明清社会史研究的深入，他深刻地认识到自身对中国历史问题的偏见，认识到中国社会地区的差异性。魏斐德开始研究中国地方史，不再从整体上研究中国，而是深入研究特定地方社会，全面了解地方史和特色。

在《大门口的陌生人》中，魏斐德通过研究某一具体地方透视中国社会的发展状况、外交史和政治史等。魏斐德认为社会史研究应该限定在特定的地理范围内。中国各地特色各异，应该将不同地方史进行分类和比较研究。魏斐德还在世界历史的背景下，采用大量历史事实、丰富史料生动讲述了中国动态的、鲜活的、从未断裂和脱离世界轨道的历史。此外，中国历史特色鲜明，他认为应在全球视野下研究中国历史，内外因素皆不可忽视。在这本著作中，魏斐德成功地描述了当时华南的社会阶级和社会变动，通过大量第一手资料深入探索了中国社会，开辟了了解中国地方史的道路。

（二）中国史研究走向成熟

魏斐德一生致力于中国史研究，以成熟的史学理念向西方传播汉学，让西方了解了中国社会丰富多彩的形态。魏斐德曾强调，研究中国历史，尤其是中国近代史，必须了解世界网络，不仅要了解中国内部网络，还要了解中国近代发展对世界网络的影响。在研究方法上，魏斐德以社会学研究方法为基础，结合史学研究法，研究中国底层人民的社会性。这就需要具体了解史实及中国不同于西方发展的深层原因。魏斐德采用历史学和社会学跨学科的研究方法，开启了中国史研究的新思路和新方法。

魏斐德的史学思想和方法越来越受到西方汉学学者的推崇。《大门口的陌生人》开启了他对中国地方史的研究。《洪业》描写了明清历史更迭的原貌。《上海警察，1927—1937》《上海歹土：战时恐怖活动与城市犯罪，1937—1941》和《间谍王——戴笠与中国特工》涉及上海史，体现了上海城市历史研究的价值和重要性。

三、中美学术交流

魏斐德多次来华进行学术交流，深入了解了中国近代史的发展，其研究领域由广东地区转向了上海等地区。1972年，魏斐德随美国政府访华团来到上海，作为美国对华学术交流委员会（U.S. Commitee or Scholorhay Commicathy with the People's Republic of China, CSCPRC）会员，他组织了一系列活动，为中美学术交流奠定了良好基础。1974年，魏斐德作为翻译人员随美国医疗代表团访问中国，开始研究上海史。

1977年6月，魏斐德又随美国对华学术交流委员会代表团访问中国。他考察了中国社会科学院历史研究所、北京大学、复旦大学历史系、上海博物馆、太平天国历史博物馆等。他还与南京大学四位历史学家进行了交流和对话,《讲述中国历史》(*Telling Chinese History*)中的一篇文章作了记录,魏斐德向四位学者请教了中国史的现状及未来发展动向,了解了当时中国社会的状况、史学发展动态及历史编纂情况等。[3]

　　1979年6月,魏斐德再次随美国对华学术交流委员会代表团访华。1980年开始,魏斐德与中国科研机构和高等学府广泛开展学术交流。魏斐德与张仲礼共同推动了与上海社会科学院的合作与交流,共同开展课题研究,互派访问学者,联合举办国际学术讨论会等,丰富了上海城市史研究。

四、魏斐德的汉学传播

　　魏斐德是美国历史学会(American Historical Association)首位会长,还曾担任社会科学研究委员会(Social Science Research Council)主席,在美国汉学界享有盛誉。他的著述丰硕,学识渊博,其汉学思想和观点逐步摆脱了"西方中心论"的影响,开始从"中国中心"视角研究中国史,代表了当代美国中国学研究的发展趋势。[4]

　　20世纪六七十年代,美国国内和国际社会发生了重大变化,非西方国家历史研究的新思潮触动了美国的中国史研究,美国社会动荡的局面促进了学术思潮的新发展。魏斐德等从事中国史研究的学者摒弃了种族优越感和心理状态,在"冲击—反应"论和"传统—近代"论基础上,重新研究中国历史的发展。他们不再单纯地把中国当作接受西方社会影响与改造的"客体",而致力于"在中国发现历史"。[5]魏斐德努力探寻中国内部因素,观察内部因素的变化对中国社会的影响,考察中国历史发展的主要动力。魏斐德还创造性地探讨了影响中国历史前进的外部因素。从外部因素看,魏斐德将中国文明看作人类文明的重要组成部分,最大程度还原真实的中国。

（一）《洪业》

《洪业》讲述了1644年之后明王朝衰败和清王朝的巩固。在政治、经济、文化、社会、民族、国防等宏大背景中，魏斐德探讨了一个帝国陷入困境、另一个帝国重建和走向强盛的过程。中华帝国的体制与秩序中具有衰微的因素，王朝更替构成了秩序重建的机制与途径。《洪业》讲述了明朝制度、汉族与满族的斗争、满族势力的扩张、新政权（即清政府）的建立，透视了新旧朝代更替时中国解决专制统治的危机。

《洪业》的核心概念是"忠"。中国近代尊崇的"忠"的思想不同于西方的忠诚，而是王朝专制统治下的人们无条件地信奉君王，西方的忠诚是对神学或宗教信仰的忠诚。这体现了中国近代独特的历史特点、体系和思想。魏斐德描绘了明清交替的历史，近代中华帝制的沿袭及社会更替对底层人民生活现状和外来者的影响。《洪业》导言中提到明朝的衰落根源于统治者的无能，其深层原因是商业经济的萎缩、社会秩序的崩溃和清朝政权的不断扩张。魏斐德在《洪业》中认为中国历史是世界历史的一部分，明末中国与世界货币体系的关系体现在当时国际收支的赤字中。17世纪20年代至60年代，欧洲发生经济危机，以西班牙塞维利亚为中心的世界贸易体系遭到重创，中国与欧洲相距甚远，但受到了严重影响，白银进口不足导致明末通货膨胀。[6]魏斐德描述了清朝武力征服汉人以及从思想上统治国家，以及重塑帝制，向西方介绍了这段历史。

（二）魏斐德的中国史研究

魏斐德的中国史研究可谓是引领了美国汉学新潮流。第一代汉学家大多从宏观上了解中国，从西方视角理解中国的"西方中心观"，魏斐德开始了中国地方志的研究，通过描绘和论述地方史透视了中国历史的发展进程。

1960年之后，魏斐德致力于研究中国史，在美国汉学界开创了地方史研究之先河，在较小范围内深入探究了该社会的框架结构。此外，魏斐德还开始研究上海。魏斐德始终认为中国与世界不可分割，对比东西方的差异，深入研究中国历史和文明，进一步了解东西方文明和世界文明。

五、结语

作为美国第二代汉学研究代表人物，魏斐德一生致力于中国史研究。他从全球视角和世界网络中对比东西方文明，开启了地方史研究的先河，为汉学传播奠定了基础。魏斐德还为中美学术交流和中国文化传播做出了杰出贡献，他架起了汉学和西方学术沟通的桥梁，为汉学的海外传播奠定了基础。

参考文献

［1］叶哲铭：《在"西方中心"与"中国中心"之间——论〈剑桥中国晚清史〉中费正清的史学研究模式》，《杭州师范学院学报》（社会科学版），2005年第6期。

［2］［美］魏斐德：《洪业：清朝开国史》，陈苏镇等译，江苏人民出版社，1995年，第4~14页。

［3］Guannan Li, Telling Chinese History: A selection of Essay, *China Perspectives*, 2010(4).

［4］王海燕、陆玮：《柯文的"中国中心观"及其影响》，《漳州师范学院学报》（哲学社会科学版），2007年第4期。

［5］［美］柯文：《在中国发现历史：中国中心观在美国的兴起》，林同奇

译,中华书局,2002年。

[6][美]魏斐德:《洪业:清朝开国史》,陈苏镇等译,江苏人民出版社,1995年,第4~14页。

葛浩文:让中国文化走出去的翻译家

美国翻译家葛浩文翻译了五十多部中国现当代文学作品,使中国文学作品与文化在世界范围内得到了广泛认可,促进了中国文化"走出去"。《呼兰河传》中含有大量东北方言和谚语,葛浩文把这部作品翻译和推介到国外。其翻译方法对中国文学的外译和方言、民谚翻译具有重要借鉴意义。

一、葛浩文简介

葛浩文(Howard Goldblatt, 1939—),1939 年生于美国,曾任教于科罗拉多大学波德分校。1974 年,葛浩文在博士毕业论文基础上撰写了《萧红评传》。1979 年《萧红评传》的中文译本在中国香港出版。曾经饱受诟病的天才女作家萧红在新时代得到了认可,葛浩文的作用功不可没。在众多《呼兰河传》的译本中,葛浩文的译文被视为典范。胡安江指出,葛浩文那样兼具中文天赋、中国经历、中国情谊和中文底蕴的汉学家是理想的译者。[1]葛浩文翻译了《红高粱》,2012 年,莫言获诺贝尔文学奖后,葛浩文成为译介焦点。翻译完《狼图腾》后,其翻译发生了转变。《狼图腾》出版后在中国发行达二百四十万册,突破了历史纪录。葛浩文的翻译从现代转向了当代,翻译了五十多部中国现当代小说。

二、葛浩文的文学翻译——以《呼兰河传》为例

《呼兰河传》是萧红的代表作,葛浩文翻译了这部作品,并将其推介到国外。这部作品重新回到了中国人视野中,并得到了广泛好评。

葛浩文对中国怀有深厚的情谊,在中国生活多年,具有深厚的汉学底蕴,精通两种语言,熟悉两种文化,是优秀的中国文学译者。他在翻译中国文学作品时,能够准确理解方言和民谚,运用各种翻译方法灵活处理。方言的俗称是地方话,虽然只用于局部地域,但不是独立于民族语言之外的语言,而是因地域和社会生活方面的不同而形成的语言变体。我国幅员辽阔,方言的种类众多,有"五方之民,言语不通,嗜欲不同"[2]之说。《呼兰河传》中有大量体现地方民俗的方言词汇和民谚,如跳大神、东二道街的大泥坑子、放河灯、唱秧歌、扎彩铺、火烧云以及四月十八娘娘庙会等。民俗是文化的重要组成部分,不同民俗的方言、谚语各有差异,不利于异域读者的理解。因此,译者在翻译过程中,必须准确理解和把握原语,真实地传递民俗文化,兼顾译文作品的可读性,让译文读者能够认识到真正的民俗文化,推动中国文化走出去。葛浩文认为:"译作的可读性是忠实于原著的表现,如果翻译的作品可读性很低或者缺乏可读性,那就是不忠于原作。"[3]

(一)意译

《呼兰河传》中个东北方言"妨",指给某个人带来厄运,体现了浓郁的中国文化色彩。英语语汇中没有对等的词汇,省略不译就会造成中国文化因素的流失,音译等方法会造成外国读者理解上的巨大偏差。所以对于这种

体现中国民俗文化的语汇，葛浩文大多采取意译法。例如针对原文"说她把嫁给谁家就把谁给'妨'穷了，又不嫁了"。葛浩文翻译成"People will say that she 'brought injury' to so-and-so's family, and then would not marry into it"。这里"妨穷了"意译成"brought injury"，既简洁，又清晰。

（二）创词

带有地方文化特色的地名、服饰、生活物品等，在英语语汇中很难找到对应词汇，音译会给外国读者造成困惑。例如，葛浩文将乌兰河翻译成"Hulan River"。他采用创词法，创造出新的复合词。再如，冯歪嘴子，如果翻译成"Feng—waizuizi"，就失去了原文的民俗文化因素。对于方言词汇，葛浩文同样采用了创词法：他将冯歪嘴子译成"Harelip Feng"，小团圆媳妇译成"The little Child bride"，王大姐译成"Big Sister Wang"，有二伯译成"Second Uncle You"。

（三）注释

方言具有随意性和口语化的特征，这就要求译者在翻译中必须结合原文语境充分准确理解方言的含义后在合适地方用注释解释。"考状元"这个概念对中国人是一个熟悉的概念，但对国外读者是一个陌生词汇，葛浩文采取了音译加注释的方法，翻译成"become a chuangyuan, first on the list at the official examinations"。葛浩文利用了英语同位语的注释功能，既保留了原文"状元"这个词，音译成"chuangyuan"，又翻译出了状元的真正含义，即"官方考试第一名"。

（四）借用目的语中的俗语

"死马当作活马医"这个谚语，如果直译成"heal the dead horse as if it

was a living horse"，就会让外国读者感到莫名其妙。在原文中，这个谚语的意思指某件事本来已经希望非常渺茫，但是人们总会采取各种方式努力改变局面。为了传达原文含义和避免理解困难，葛浩文借用了目的语俗语，将这句话译成"Because where there's life, there's hope"。译文既方便目的语读者的理解，又体现了中国人对待困难时不屈不挠的精神。[4]

三、葛浩文与中国文化走出去

葛浩文对中国文化走出去做出了杰出贡献，具体体现为以下三方面。第一，促使中国现当代文学与文化在世界范围内得到广泛认可；第二，推介了中国地方性民俗与文化，尤其是东北文学与民俗文化；第三，丰富了中译英的理论和实践。

在《纽约客》杂志上，美国作家约翰·厄普代克这样写道："在美国，几乎一个人占据了中国当代小说翻译，这就是葛浩文。"[5] 葛浩文翻译了萧红、陈若曦、冯骥才等二十多位中国现当代文学家的作品。他的译作数量可观，质量优秀，曾多次获奖，提高了中国现当代作家作品在世界文学中的知名度。1999年，他与夫人林丽君合译的台湾女作家朱天文的小说《荒人手记》获美国翻译协会年度奖。1989年，他翻译的贾平凹的长篇小说《浮躁》，获美孚飞马文学奖（Mobil Pegasus Prize for Literature），此外，他翻译的当代作家毕飞宇的小说《青衣》和姜戎的《狼图腾》英译本也曾获奖。刘再复认为："葛先生堪称是把中国现当代文学翻译成英文的翻译家中最积极、最有成就的一位，是中国文学的知音和积极传播者。"[6]

东北这片广袤的土地孕育了东北作家群，如舒群、萧军、萧红等。这些作家的作品中具有大量地方话，即方言。葛浩文翻译了很多体现东北文学与民俗文化的乡土文学作品，如我们熟悉的《呼兰河传》《红高粱》和《狼图腾》等。葛浩文的翻译保证了原著文化内涵的完整性，丰富了世界多民族殿堂，使中华民族的形象更加立体和完整。

　　葛浩文还根据自己的翻译实践，撰写了大量有关文学评论和翻译理论的文章。他的翻译理论和原则主要有两点：第一，保证原语文化体系的相对独立性，让翻译工作起到文化交流的作用。他曾严厉批评英国翻译家韦利的翻译原则，认为一味讨好目的语读者，用熟悉的语汇替换陌生概念，消解原文中的异质因素，就无法在不同文化之间搭建起桥梁，促进不同文化群体的文化交流。[7]第二，翻译活动是忠实性与创造性的统一，必须准确而辩证地把握两者之间的尺度。所谓"忠实"，并非逐字逐句翻译，而是要运用创造手段，更好地忠实于原作；所谓的"创造"，不是天马行空式乱译，而是必须以原文为依据。[8]葛浩文的翻译理论不多，但对从事中文外译者在实践上有指导作用。

四、结语

　　葛浩文翻译了中国现当代五十多部作品，其译本被英语读者广泛接受。他翻译方法不拘一格，注重原语和译语文化功能的对等。葛浩文在翻译中主要使用意译、创词、注释和借用目的语的俗语等方法，真实传递了中华民族特有的民俗和文化，使译文读者获得近于原文读者的感受。葛浩文使中国现当代文学与文化在世界范围内得到广泛认可，推介了中国地方民俗与文化，尤其是东北文学与民俗文化，丰富了中译英的理论和实践，他对中国文化"走出去"做出了杰出贡献。

参考文献

[1]韩子满:《中国文学的"走出去"与"送出去"》,《外国语文》,2016年第3期。

[2]刘红华:《中国文学外译模式考》,《湖南工业大学学报》(社会科学版),2017年第3期。

[3]黄忠廉:《方言翻译转换机制》,《北京理工大学学报》(社会科学版),2012年第2期。

[4]刘再复:《百年诺贝尔文学奖和中国作家的缺席》,《北京文学》,1999年第8期。

[5]张晔、王岩:《民俗翻译研究综述》,《兰州教育学院学报》,2015年第2期。

[6]靳秀莹:《葛浩文译学见解初探》,《重庆交通大学学报》(社科版),2009年第1期。

[7]杨柳:《从文化翻译观角度看民俗的翻译》,《科技信息》,2012年第8期。

[8]黄忠廉:《方言翻译转换机制》,《北京理工大学学报》(社会科学版),2012年第2期。

杜维明：新儒学思想的推动者

　　杜维明是一位弘扬儒家思想的学者，从文化哲学角度重点探究了儒家传统与现代的复杂关系，推动了现代新儒学运动。杜维明"和典型传统的中国学者一样，从政治选择到宗教观念彻头彻尾都是儒家的"[1]。他既认同传统儒学，又适应现代新潮，为儒学走向世界做出了杰出贡献。

一、杜维明简介

　　杜维明(Tu Weiming,1940—)，祖籍广东南海，1940年生于云南昆明，他第一次接触儒学，就发自内心地喜欢，与儒学结下了不解的情缘。他的启蒙老师周文杰，召集了杜维明等五名学生，一起读《诗经》《四书》及其他一些儒学经书。四十余年之后，杜维明仍无不感激地说："我对儒学的喜爱和周文杰老师有很大关系。"[2]周文杰是东方人文友会会员，在其引荐下，杜维明拜见了东海大学的牟宗三先生，通过牟宗三在东方人文友会中认识了徐复观、唐君毅等，这深刻影响了杜维明，特别是与牟宗三的相识，影响了他研究儒家的事业。他大学就读于东海大学，从外文系转到了中文系，从事中国思想与文化的学习与研究。1962年,杜维明在哈佛燕京学社的资助下,开始了其儒学研究和在欧美世界传播儒学的生涯。1968年,杜维明获哈佛大学博士学位,后任教于普林斯顿大学、加州大学伯克利分校,1981年返回哈佛大学任教至今。

杜维明对儒家思想和精神价值深信不疑。他认为儒家思想适合于所有人,作为世界精神文明,儒家传统对现代社会产生了十分积极的意义。为了复兴中国儒学和在全球弘扬儒学价值,他充当了儒家传道者的角色。1999年,杜维明获哈佛大学"哈佛-燕京中国历史及哲学与儒家研究"讲座教授,这在儒学发展史上具有标志性意义。

二、杜维明新儒学的基本特征

儒家传统与现代性的关系是杜维明新儒学思想的核心,新儒学思想既融入了儒家思想,又对西方现代化思想持有开放、对话和理性融合的态度。他从两方面探讨儒家传统与现代性之间的关系:一是儒家传统的根源性与普世性,另一个是儒家传统与现代性中的市场经济、民主制度、经济与社会发展等相结合的问题。杜维明大致从三方面开展新儒学研究:儒学传统论、儒学创新论和儒学与其他文明对话论。这三方面构成了他不同时期的研究重心,即杜维明学术生涯的三个基本阶段:20世纪60年代末至70年代末为第一阶段,70年代末至80年代末为第二阶段,80年代末至今为第三阶段。[3]在第一阶段,杜维明的重心在于"儒学传统论",他重新发掘、阐释儒学传统思想,创造性地阐释儒学传统,肯定了儒家传统的内在价值及其现代意义。他讨论了"仁"和"礼"的张力,分析了儒家成人观,研究了王阳明、颜元等大儒,阐释了儒学的宗教性。在第二阶段,杜维明关注"儒学创新论",他讨论了儒学的第三期发展问题、东亚价值与多元现代性、"文化中国"、启蒙反思等,揭示了儒学"本土经验的全球意义",彰显了儒学的现代生命力。在第三阶段,杜维明以"儒学对话论"为主题,拓宽了他的研究视野,提出了"新轴心时代"的理论,强调在全球化与本土化的基础上开展文明间的对话,提倡"全球伦理"和知识分子的历史定位。杜维明一直在诠释儒学传统的现代性,在七八十年代萌生了文明对话的思想。杜维明深信,儒学传统是源远流长的活水,从源头流出后,逐渐波澜壮阔,它滋养了华夏文明,浸润了东亚,必将成为人类文明共同的遗产,儒学既是中国的,也将是世界的,体现了儒学现代性。

三、儒学第三期发展的前景

1937年1月,沈有鼎在南京中国哲学第三届年会上宣读了《中国哲学今后的发展》的论文,提出中国经历了先秦和唐宋元明清辉煌发展后,要进入"第三期文化",儒学是第三期文化的驱动力。牟宗三也多次谈论儒学的第三期发展。1948年,他在《鹅湖书院缘起》中明确提出,孔子、孟子、荀子、董仲舒为儒学第一期儒学代表人物,二程、朱熹、陆九渊和王阳明为第二期儒学代表人物,现已进入第三期。

儒学第三期发展也是杜维明津津乐道的话题,根据儒学思想文化及现实的新发展趋势,杜维明提出了儒学第三期发展的前景问题。他认为儒家传统在中国近现代的没落并不意味着儒学命运的终结,恰恰相反,"儒家思想作为中国主要思想力量再度出现的可能性是真实存在的"[4]。儒家传统必须实现创造性转化。牟宗三关注儒学自身发展的内在关联及其精神取向,杜维明在世界文化发展的大背景下对其考察。儒家思想极强的适应性和包容性推动了儒学的第三期发展。

(一)儒学第三期发展的具体"设想"

1982年,杜维明提出了儒学第三期发展的"设想",分五个步骤。①究竟儒学发展的前景如何?儒学有没有第三期发展的可能?儒学应否发展?②具体考察作为文化资源的儒家传统,在儒教文化圈,特别是工业东亚社会中运作的实际情况。③了解儒家传统在中国的存在条件,特别是经过"文革"之后,还有什么再生的契机。④探讨儒学研究对欧美知识界的思想挑战。⑤儒学的第三期发展,是中国的、东亚的和世界的精神资源。杜维明清醒地认识到,儒学在三个环境中面临着不同问题。在中国,儒学要脱胎换骨,争取生存权利;在东亚,儒学方兴未艾,已被认可;在西方世界,儒学和未来学等有相似之处,像一个开阔的远景。

(二)现代西方文化对儒家传统的挑战

现代西方文化对儒家传统的挑战主要表现在以下四方面。

第一,科学精神问题。儒家传统缺乏现代西方科学精神。面对科学的挑战,儒家存在很多缺陷,但其人文思想中具有极强的包容性。儒家传统强调人与人交往的合理性,主张重新建构、定位儒家传统在新的人文世界中的价值和角色。杜维明认为,现代人扮演着不同角色,要进一步研究儒家如何适应现代社会和影响现代社会。

第二,民主运动问题。在杜维明看来,西方民主运动建立在敌对的价值意识上,西方社会重视程序,依靠程序政治、法律规约及互相抗衡中的新规则。儒家传统和民主运动相冲突。儒家道德理性的基本观点是信赖,即对社会的信赖。政治是贤人政治,即以身作则的儒家政治家。他们是代表儒家精神的知识分子,但是没有社会力量、经济基础的知识分子常常是政治斗争中的牺牲品。因此,现代知识分子不可能履行儒家代表的道德理性。儒家道德理性的说服力越来越弱,这是儒家必须面对的现实问题之一。

第三,宗教情操问题。儒家传统主张人类创造的人文价值是平等的,甚至容忍专制倾向的权威主义。在儒家传统的影响下,中国老百姓能够容忍执政者,他们虽然时有造反运动,但是比较和顺、宽容,不利于民主建设。

第四,对人性的心理理解。20世纪初,德国著名学者弗洛伊德认为人性本恶。如果我们继续相信人性本善、人可以自觉奋斗实现完美价值,在政治上相信政治领导基本是好的,相互礼让可以促使社会进步,但是复杂的现代文明使这种想法难以为继。

在杜维明看来,儒家传统所缺乏科学精神、民主运动、宗教情操、弗洛伊德所讲的深层意识问题等现代西方文明价值。儒学要经常和西方学术思潮进行交流,“儒家传统不能应对这些西方问题和做出创建性的回应,就不能进行创造性的转化工作和建立新价值”[5]。这是我们反思中国传统文化时不能回避的挑战,也是儒学第三期发展的关键。

四、结语

杜维明是20世纪80年代推动现代新儒学运动的学者之一。他在人类现代文化发展的基础上,以世界文化多元发展的开阔眼光审视传统儒学,力图转化和复兴中国传统文化,使中国文化走向世界。他反思了中国传统文化的现代化转化,分析了儒教中国及其命运,展望了“儒学第三期发展”前景,这些设想还需要实践来检验。

参考文献

[1][美]杜维明:《新加坡的挑战:新儒家伦理与企业精神》,高专诚译,生

活·读书·新知三联书店,1989年,第9页。

　　[2][美]杜维明:《剖析儒学传统的问题性——答冷德熙评〈人性与自我修养〉》,《读书》,1991年第3期。

　　[3]郭齐勇:《杜维明文集编序:让儒学的活水流向世界》,载《杜维明文集》(第一卷),武汉出版社,2002年,第1~2页。

　　[4]《杜维明文集》(第四卷),武汉出版社,2022年,第10页。

　　[5][美]杜维明:《现代精神与儒家传统》,生活·读书·新知三联书店,1997年,第430页。

艾兰:满腔中国情怀的学者

　　艾兰,美国当代汉学家,长期研究中国古代历史文化,涉及先秦文献、考古、思想和文化。艾兰对甲骨文、青铜器、竹简有浓厚兴趣,在先秦诸子哲学和古史传说方面的成就颇丰。艾兰对汉学的海外传播和推广发挥了重要作用。她关注世界汉学及中国汉学研究,促进了中西学术交流。

一、艾兰简介

　　艾兰(Sarah Allan,1945—　　),美国著名汉学家。1945年,艾兰生于美国,先后在加州大学洛杉矶分校和伯克利分校学习中文。1974年,她完成了论文《世袭与禅让:古代中国的王朝更替传说》(The Heir and the Sage:Dynastic Legend in Early China),获博士学位。1974—1975年,她任教于英国伦敦大学亚非学院,主讲中国古代文化史、先秦文学、先秦哲学等。1995—2016年,艾兰任美国达慕思大学特聘教授,从事中国文化的教学与研究。2010年,商务印书馆推出了《艾兰文集》。《龟之谜》《世袭与禅让》《水之道与德之端》《早期中国历史、思想与文化》等中译本的先后出版,引起国内学界强烈反响。2016 年 10 月,商务印书馆又推出了《艾兰文集》之五《湮没的思想:出土竹简中的禅让传说与理想政制》。

高中时期,艾兰阅读了一些有关日本禅的书籍,书中提及道家思想,对中国传统文化有了初步认识和了解。艾兰大学就读于美国俄勒冈州里德学院。一门有关世界艺术的课程,涉及了中国古代的山水画,唤起了艾兰了解中国文化的兴趣。[1]当时,只有规模较大的大学专门开设中文课程。艾兰转学到加州大学伯克利分校,后又转入洛杉矶分校。1963 年,艾兰正式接触和学习中文,师从理查德·鲁道夫,学习中国考古。

大学毕业后,艾兰到加州大学伯克利分校东亚语言学系攻读硕士学位。艾兰师从卜弼德、艾博华,学习古典文献和文字学。1969 年,她获硕士学位。1972 年,在伯克利攻读博士学位期间,艾兰前往伦敦大学亚非学院任教,结识了一批汉学名家,其中包括中国著名历史学家、古文字学家李学勤。1977年后,艾兰多次以学术顾问身份陪同伦敦泰特美术馆的参访团访问中国大陆。

二、艾兰的学术成就

(一)甲骨文

1981 年,艾兰与当时在剑桥大学卡莱尔学堂访学的中国学者李学勤一同调查英国所藏甲骨。从 1982 年开始,艾兰与中国社会科学院历史研究所的专家李学勤、齐文心合作,对英国所藏甲骨进行洞察和施拓,拓集英国十一个公私单位所藏的三千片甲骨,经过辨伪,略去全伪和字迹不清的残片,选用甲骨 2674 片收入《英国所藏甲骨集》(*Oracle Bone Collection in Great Britain*)。全书分为上下两册,上编为图版,下编为释文和附录,于 1983 年和 1991 年由中华书局陆续出版。其中,除了摹本中已发表过 1649 片外,增加了

1025 片此前未曾发表过的新材料。[2]《英国所藏甲骨集》的问世，为研究和澄清甲骨学和商史中的一些疑难问题提供了新材料，具有很高的学术价值。艾兰在整理过程中，开创了鉴定甲骨的新方法和技术。以往研究甲骨文字的书法和字体结构，鉴定契刻方法，一般根据对照片、拓本的肉眼观察；艾兰采用将摄影机置于显微镜上拍摄单字或单字局部的方法，便于察微知著，对于推进甲骨文研究颇有助益。[3]

（二）青铜器

艾兰还对中国青铜器颇有研究，与李学勤合著了《欧洲所藏中国青铜器遗珠》(*Chinese Bronzes: A selection from European Collections*)，并在附论中详细叙述了西方汉学界对中国青铜器的研究。艾兰基于西方汉学及艺术史，充分利用其理论知识，摒弃陈旧观念，评述了西方青铜器研究。她对西方汉学界青铜器研究的综合评述，有助于国内学者拓宽视野，借他山之石攻己玉。[4]

（三）竹简

1998 年，荆门市博物馆整理了郭店简释文，出版了《郭店楚墓竹简》。艾兰在达慕思大学组织了一场关于郭店《老子》的国际学术会议。学者们讨论了《老子》甲乙丙及《太一生水》等篇章，深入探讨了郭店楚墓竹简的性质与内容，引起了媒体报道。这批郭店楚墓竹简被喻为"中国的死海遗书"。[5]郭店楚墓竹简激发了艾兰对竹简的兴趣，1997 年，艾兰完成了英文专著《水之道德之端》。

艾兰解读了郭店楚墓出土的四本竹简后，结合新出竹简，撰写了《湮没的思想：出土竹简中的禅让传说与理想政制》。该书包括两方面内容：第一，该书简要介绍了郭店楚简、上博简、清华简等竹简，阐述了它们对理解早期中国文献，尤其是哲学著作形成过程的意义；第二，该书考察了郭店一号墓发掘的《唐虞之道》、上海博物馆收藏的《子羔》和《容成氏》,以及清华大学收藏的《保训》这四种竹简中的尧舜传说。[6] 于艾兰而言,简帛对理解中国古代思想史至关重要。

(四)先秦哲学和古史传说

艾兰对中国古代思想有浓厚兴趣,她从语言出发探索哲学概念或范畴的建立及其含义。其著作《水之道与德之端:中国早期哲学思想的本喻》以西方隐喻理论为切入点,指出中国早期哲学概念和思想的本喻是水和植物的意象。该著作被认为是从哲学角度研究水象的首部力作。[7] 艾兰精通先秦哲学文献,是该书成功的关键。她在该书第三章对《论语》《孟子》《老子》《庄子》中 "道" 的分析,指出 "'道'的原始意象是通道或水道,利万物的水与河系,永不枯竭的溪流,沉淀杂质自我澄清的池水"。她这里不是像很多人指出的《老子》中水道互喻,认为 "道" 和水是比喻,而是说 "道" 的原始意象是水道。[8]

艾兰认为,神话在人们头脑中是以符号形式出现,是人们进行思维的一种方式,直接影响了当时的文化。[9]《龟之谜》一书探讨了神话思想,是一部关于古代神话研究的力作。张海燕认为,"透过商代神话与思想的诡谲杂乱的表层形态而揭示出具有规律性的深层结构,并为后代思想的演变发展提供了具有说服力的原生意义的说明",她的研究 "是以她坚定的史料功夫为背景的,尽管新意迭出……但又立论坚定可靠,有根有据……难能可贵"。[10]

三、艾兰的贡献

(一)推广海外汉学研究,勇担文化传播使者

海外汉学家是中国汉学重要的海外传播者,艾兰作就是其中之一。20

世纪70年代至90年代，艾兰任教于英国伦敦大学亚非学院，讲授中国古代文化史、先秦哲学、先秦文学等。其扎实的理论基础和独到的研究理念有助于英国学者了解汉学。20世纪90年代末期，艾兰受任美国达慕思大学，任特聘教授，开展了汉学教学活动。艾兰跨越民族、语言、文化的差异，致力于传统汉学的教学和研究，为汉学在西方国家的传播和推广做出了杰出贡献。

(二)促进中西学术交流，搭建沟通合作桥梁

在伦敦大学任教期间，艾兰曾主持了"古代中国讲席"，广邀群贤开展专题演讲，为各国著名汉学家提供了共同探讨和相互促进的平台。回美后，为推动中国学术的国际化，艾兰精心策划了研究课题，争取财团资助，先后组织了多场颇具影响力的国际中国学研讨会。[11]艾兰曾多次访问中国，与中国学者共同开展学术交流，完成了多项国际合作课题。1982年，她与李学勤首次合作完成了英国所藏甲骨的调查研究。1986年，她与李学勤第二次合作研究欧洲收藏的中国青铜器，共同出版了《欧洲所藏中国青铜器遗珠》和《瑞典斯德哥尔摩远东古物博物馆藏甲骨文字》。艾兰潜心从事学术研究，关注世界和中国汉学前沿研究，促进了中西学术交流，对沟通世界汉学与中国学界起了重要作用。

(三)创新研究方法论，给予国内学者以借鉴

艾兰关注中国思想史的研究方法。《世袭与禅让》参考大量先秦古典文献，采用了古史研究方法，借鉴了列维-斯特劳斯的结构主义理论与方法，把中国古典文献中有关尧、舜、禹、启直至商、周王朝的建立的历史传说，当作一种观念运动所产生出来的历史来作全新的考察，揭示了隐藏在传说背后的深层结构，显示出历史的本来面目。[12]运用西方哲学的隐喻认知理论解读中国早期的哲学经典，是艾兰研究中国思想史方法的创新。艾兰尝试从语

言的隐喻入手探析先秦诸子哲学思想的本喻,揭示哲学著作中的隐喻性表述、哲学概念的建构和概念所反映的哲学思想三者之间所存在的重要关系。[13] 对于国内学者来说,艾兰在研究方法上的创新,具有借鉴价值。

四、结语

艾兰,一位具有中国情怀的西方学者,长期致力于中国传统汉学文化教学和研究,对汉学文化在西方国家的传播和推广做出了杰出贡献。艾兰组织了多场中国学国际研讨会,推动了世界汉学与中国学合作与沟通。艾兰提出了很多研究新理念,提出了中国思想史研究的新思路,具有借鉴意义。这些研究工作推动了当代西方汉学的发展,影响了中国历史学、文献学和考古学等。

参考文献

[1]许可:《我们正处于古代中国研究的"非凡时期"——访艾兰教授》,《中国史研究动态》,2018年第5期。

[2]张海燕:《艾兰的汉学研究及其方法论研究特色》,载李学勤:《国际汉学漫步》(上卷),河北教育出版社,1997年,第271~314、274页。

[3][美]艾兰:《早期中国历史思想与文化》,杨民译,辽宁教育出版社,1999年,第169页。

[4]张欲晓:《论艾兰的先秦诸子哲学和古史传说研究》,华东师范大学,2006年毕业论文。

[5]王江鹏:《海外汉学名家艾兰教授访谈录》,《中华读书报》,2017年2月22日。

[6]姚远:《美国教授艾兰新著:郭店楚简利于更好理解中国古代思想》,https://www.ru jiazg.com/article/8474. html, 2016-06-24/2019-03-07。

[7]王云飞:《首部从哲学角度研究水象的力作》,《博览群书》,2011年第11期。

[8]王云飞:《首部从哲学角度研究水象的力作》,《博览群书》,2011年第11期。

[9]张欲晓:《论艾兰的先秦诸子哲学和古史传说研究》,华东师范大学,2006年毕业论文。

[10]张海燕:《艾兰博士的汉学研究》,《世界汉学》,1998年第1期。

[11]张欲晓:《论艾兰的先秦诸子哲学和古史传说研究》,华东师范大学,2006年毕业论文。

[12]王宝峰:《艾兰研究中国思想史的方法——以〈老子〉中水的隐喻为例》,《西安电子科技大学学报》(社会科学版),2006年第1期。

[13]张欲晓:《论艾兰的先秦诸子哲学和古史传说研究》,华东师范大学2006年硕士毕业论文。

本杰明·艾尔曼:中国科学思想史的述评者

本杰明·艾尔曼,普林斯顿大学历史学教授,美国著名汉学家。代表作有《从理学到朴学:中华帝国晚期思想与社会变化面面观》《经学、政治和宗族:中华帝国晚期常州今文学派研究》等。其著作《以他们自己的方式:科学在中国,1550—1900》概述了16世纪至20世纪初耶稣会和基督教传教士对中国科学的影响及其演变。

一、本杰明·艾尔曼简介

本杰明·艾尔曼(Benjamin A. Elman,1946—),1946年9月生于德国慕尼黑。1966—1967年,他在夏威夷大学东西文化中心学习。1968年,他获汉密尔顿学院学士学位。1980年,他在宾夕法尼亚大学获东方学博士学位。1992—1997年,他担任加州大学洛杉矶分校历史系副主任。1992—1999年,他担任《中国科学》杂志编辑,该杂志由加州大学洛杉矶分校中国研究中心和太平洋地区研究中心主办。1997—1999年,他担任加州大学洛杉矶分校中国研究中心主任。

二、鸦片战争前的中国

西方研究中国历史，经历了费正清的"冲击—反应"论、列文森的"传统—现代"论和"中国中心观"。本质上讲，费正清的"冲击—回应"近代史观是"西方中心论"的变体，其理论依据是中西文化冲突。在费正清看来，中国和西方代表着两种不同文明，前者落后，后者先进。但是费正清研究中国时，中国旱灾水灾频发，生活水平低下，还没有对外开放。

在《剑桥中国清代前中期史》中，艾尔曼认为18世纪时中国在政治、经济、学术方面非常成功，西方学习了中国的很多文化。鸦片战争之前，英国人已经习惯于喝下午茶。他们模仿中国人的品茶方式，购买瓷器、茶和丝绸。中国政治和贸易相互联系。日本、俄国、英国等都向中国进贡，中国是世界贸易中的最大经济体，生产出大量消费品。中国和印度是当时世界经济中心，18世纪康乾盛世期间，在华传教士向欧洲介绍了中国的繁荣，一度引发长时间的"中国热"。欧洲极为推崇中国物质、文化和政治制度等，18世纪的中国领先于世界。

清朝时期，中华帝国由盛转衰，中国种植业产量一直非常高，粮食、茶、药都很多，但人口快速增长，人们生活水准越来越低。18世纪，中国出现了康乾盛世，社会经济空前稳定，人口井喷式增长。与此同时，传统农业没有发展，温饱问题威胁到了中国的发展，这是唐、宋、明朝未曾遇到的问题。鸦片战争之后，中国人的生活水准和欧洲比起来越来越低，穷人越来越多了——这在18世纪还不明显。19世纪，中西发展差距不断拉大，人口问题尤为严重。[1]

艾尔曼认为中国衰落的转折点是太平天国运动，而不是鸦片战争。鸦片战争对中国内陆影响不大，只限于广东一带。其根本问题是太平天国运动,几百万中国人死去,中国经济中心——江南一带处于混乱之中。太平军占领了上海、苏州、杭州、扬州,清朝国力衰减。太平天国之后,清政府意识到改善政治体制的必要性,开启了洋务运动。当时,中国工业革命已经起步。1865—1890年间,上海建立了江南机器制造总局,南京建立了金陵机器制造局,并开办了洋学堂。上海机器织布局成立,京师大学堂设立,各省开办了洋学堂。政府设立了海军衙门,购置军舰,设立南北电报局、开平矿务局和湖北汉阳枪炮厂,中国走向了机械化和工业化道路,国家发展态势良好。但是甲午中日战争打破了中国发展局面。

三、中国人创造了自己的科学

鸦片战争中,中国的失败彰显了欧洲人的船坚炮利和中国军事科技的落后。中日甲午战争的失败又似乎向世界说明,中国在学习西方先进科学技术方面落后于日本。大多数学者认为,明清时期中国人拒绝耶稣会士的科学思想。艾尔曼在《以他们自己的方式:科学在中国,1550—1900》中回顾了明清时期西方传教士和中国文人在中国传播现代科学知识的努力。他探讨了中国人"对自然研究的兴趣,并非回答他们没有完成欧洲创举的原因"[2]。

在接触西方之前,中国人的自然史观类似于西方古典时期的自然史观,并不清楚生命体与非生命体的界限。中国自然史家试图用恰当的词语辨识自然现象。他们认为所有现象源于气,因其造化形成万物。正确的概念对探索新知识具有重要的指导意义。耶稣会士来华之前,中国文人以"格物"和"致知"的方式界定自然世界。明代在华传教士认为,中国人的"格物"类似于欧洲哲学、神学和自然科学等。

早期来华传教士包括利玛窦(Matteo Ricci)、艾儒略(Giulio Alenio)、邓玉函和罗雅谷等。他们带来了欧洲先进的科学知识,首先应用于天文学中。罗雅谷和汤若望是耶稣会的首席天文学家,向中国介绍了欧洲先进的第谷体系。艾尔曼认为传教士做出了杰出贡献,但是中国文人在天文学和数学方面基础雄厚。耶稣会士来华时,明朝正经历历史危机。1592年,钦天监预测的日食时间与实际时间相差了一天。礼部多次要求改革历法。面对朝野的压力,万历皇帝任命徐光启、李之藻等人研讨改革办法。徐兴启、李之藻与耶稣会士交往密切,对其展示的精确测量心悦诚服,推动了来华传教士的科学传播。传教士还借用中国的"格物""穷理"等术语来解释欧洲近代科学研究。

中国知识分子在交流中修正了陈腐观念,开阔了视野。譬如,利玛窦关于地球形状的描述纠正了中国文人对世界在空间上的错误认识。中国人第一次明确了欧洲的准确位置及其与中国的关系。他们学会了新的制图技术和如何根据经纬线定位。利玛窦还将欧洲探险家的新发现介绍到中国,向他们描述了大洋环抱的五大洲,介绍了地球上的五大地理区域。凡此种种,都使中国人对世界的了解取得了飞跃性发展。[3]

清朝初期,礼仪之争中断了传教士在中国的科技传播。天主教一直反对耶稣会士在中国的"兼容政策"。1705年,罗马教皇派信使到北京,宣布教廷中止耶稣会士对中国礼仪的兼容,激起了中方的反对,康熙皇帝收回了1692年颁布的基督教宽容令。自此,耶稣会士在中国的传教活动一蹶不振。科学知识传播也受到了影响。在保守势力占据上风的清政府中,科学与基督教一起受到排斥。康熙后期,科举考试取消了自然科学。[4]

四、结语

艾尔曼长期研究中国科学思想史,分析了明清知识分子在西方耶稣会的帮助下,在天文、数学、格致等领域中的探索,认为中国人创造了他们自己的科学。这有助于我们还原历史原貌和了解近代历史。

参考文献

[1]劳伦斯·斯通:《历史叙述的复兴:对一种新的老历史的反思》,载陈恒、耿相新:《新史学》(第4辑),大象出版社,2005年,第109页。

[2]王立新:《美国传教士与鸦片战争后的"开眼看世界"思潮》,《美国研究》,1997年第3期。

[3]马钊:《1971—2006年美国清史论著目录》,人民出版社,2007年,第339页。

[4][美]艾尔曼:《经学、政治与宗族:中华帝国晚期常州今文学派研究》,赵刚译,江苏人民出版社,2000年,第1页。

盖博坚:美国新清史专家

中美建交以来,越来越多的美国学者关注中国,盖博坚是其中之一。他专注清代政治、经济、社会和思想史的研究,深入探讨了乾隆时期的民族关系以及清朝督抚制的发展历程。他向西方介绍了中国历史,促进了中华文化的海外传播,为美国清史研究和中美文化交流做出了重大贡献。

一、盖博坚简介

盖博坚(Robert Kent Guy, 1948—)1948年出生于美国,20世纪60年代后期开始接触清史,并以此为契机开始钻研前近代中国政治及思想文化史,开始了漫长的学术生涯。1981年,他获哈佛大学历史学博士学位,此后一直任教于华盛顿大学西雅图分校历史系。在近四十年的学术生涯中,他先后于1987年、2000年和2010年出版了《皇帝的四库:乾隆晚期学者与国家》《法律原则的极限:中国法律文化的评论与反思》和《清朝的督抚与他们的行省:中国地方行政的演进,1644—1796》等。

二、出版专著，传播中华文化

（一）重新解读《皇帝的四库：乾隆晚期学者与国家》

在《四库全书》编纂完成之时，乾隆皇帝在《文渊阁记》中这样说道："古今数千年，宇宙数万里，其间所有之书虽夥，都不出四库之目。"[1]《四库全书》是对中国古典文化最系统、最全面的总结，它涵盖了中国18世纪及以前的重要文献并使之系统化。《四库全书》是中华古典文化的集中体现，成为中华文化海外传播的媒介。

20世纪90年代，"新清史"研究在美国兴起。与传统清史研究相比，"新清史"学者认为满人保留了满洲特殊的族群认同。他们善于运用族裔概念，强调内亚视角，注重研究满语及其他少数民族史料，试图从非汉人视角客观解读清朝历史。2002年，盖博坚在《亚洲研究》刊发文章，评论了清史学者柯娇燕的《半透明之镜：清帝国意识形态的历史与认同》、欧立德的《满洲之道：八旗制度与清代的族群认同》、罗友枝的《最后的皇族：清代宫廷社会史》和路康乐的《满与汉：1861—1928年晚清和早期共和国族群关系和政治权利》等。盖博坚认为这四本书综合使用各个时期的资料回答了"何谓满洲人"的问题，将它们称为"新清史四书"。他也深受"新清史"学派的影响，注重研究少数民族史料。1987年，他出版了《皇帝的四库：乾隆晚期学者与国家》。在撰写中，他从大量原始档案中复原、整理出清晰的历史脉络，客观审视了乾隆时期《四库全书》编纂的历史，重构了18世纪中国学者与国家之间的关系，对清史研究具有参考意义。

盖博坚开宗明义地指出其研究目的"在于具体考察18世纪末期知识分子和中国政府之间的互动"[2]。其主要观点有：①汉族学者协助皇帝编纂《四库全书》各有动机，大多数旨在政治晋升。②知识分子内部的紧张形势和皇帝的要求导致了《四库全书》编纂期间的书籍审查,当时的书籍审查制度并非满族统治的污点。③不同利益集团合作完成了《四库全书》。盖博坚重构了《四库全书》编纂过程,向西方介绍了18世纪中国学者与国家、满族与汉族的关系。

(二)对清朝行政制度的考察

清朝是中国最后一个封建王朝,统治中国近三个世纪。清政府中后期,思想僵化、制度腐败和科技落后,中国逐渐落后于西方。但是中国社会制度趋于完善,奠定了我国现代行政区划的雏形。清朝沿袭了明朝的督抚制度,在明朝督抚制度的基础上,历经长期探索,在乾隆时期形成了八总督、十五巡抚的定制,确保中国"在单一、集权的行政结构中保持各地区特色"[3]。督抚制确保了当时国家稳定、民族和谐,对中国现代地区行政管理也有重要参考意义。

盖博坚研究了清朝的督抚制度,于2010年出版了《清朝的督抚与他们的行省:中国地方行政的演进,1644—1796》一书。全面探讨了清朝督抚制在顺治、康熙、雍正和乾隆年间的发展历程。基于"新清史"学者对史实的考究,盖博坚回溯清朝督抚制的发展历程,参考了总督任命记录、相关法律和总督传记等文献。他深入研究史料,全景还原了清朝督抚制的发展史。该书分为两部分:

第一部分主要探讨了督抚制的发展历程、各行省的创建、总督的选拔机制以及如何保持督抚制灵活性等问题。盖博坚认为清朝的督抚制已经不同于明朝督抚制。明朝,地方总督主要负责军事管辖;相比之下,清朝总督是有正式行政层级的官员,在地方有绝对影响力。他们获得中央政府支持,是地方经济和政治管理者,在帝国区域管理中起着至关重要的作用。由于各省情况不同,他们管理的地方问题各不相同的问题。

第二部分考察了十八个行省总督任命的历史。根据历史、政治和经济特征,盖博坚将清朝行政区域分为四个区域,分析了各个区域总督的相关史料。该书涉及各个总督的职业经历,考察了他们的民族背景,以及这些因素与他们所管辖的行省之间的联系。他展现了总督的个人经历,揭示了清朝官僚文化。该书全面还原了清朝督抚制的演变过程,展现了清朝前期的统治和官僚文化。

三、来访中国,结缘清史馆

盖博坚曾多次访问中国,与中国人民大学清史研究所关系密切。20世纪70年代末,盖博坚等美国清史研究者关注18世纪的清史。1984年,他访问中国人民大学清史研究所,开展了清史档案研究工作,重新认识到18世纪清朝研究的重要性。清史所相关专家们向他推荐了许多相关清史档案,并与他交流合作。2008年,他在清史所成立30周年祝贺信中写道:"我在很多场合感受到了清史研究所专家的支持,他们对我很友善,和我商讨研究。"[4]清史所的经历影响了他的研究。他又多次访问清史所并进行学术交流。1995年,他参加清史所主办的国际研讨会。2008年,清史所建立30周年之际,盖博坚再次访问清史所,与黄兴涛、黄爱平和阚红柳等中国清史学者交流了清史研究的新动向。盖博坚促进了中美文化交流,为中国文化的传播和学术交流做出了积极贡献。

四、结语

盖博坚多次访问中国,关注中国发展,是一个名副其实的"中国通"。他向美国学生传授中国历史文化,促进了中华文化的海外传播。他重新审视了清朝历史,促进了新清史研究的发展。盖博坚关注史实,还原历史事实,传播中国历史文化,有助于消除西方对清朝的误解。

参考文献

[1]弘历:《文渊阁记》,中华书局,1982年,第17页。

[2]Guy, Robert K., *The Emperor's Four Treasuries, Scholars and State in the Late Ch'ienlung Era*, Harvard University Asia Center, 1987, p. 3.

[3]Guy, Robert K., *Qing Governors and Their Provinces*:*The Evolution of Territorial Administration in China, 1644–1796*, University of Washington Press, 2010, p.71.

[4]Guy, Robert K., Remembering my Time at the Institute for Research in Qing History, http://blog.sina.com.cn/s/blog_597c66720100axpj.html. 2008, August, 29. 09:26. 2019, April, 8, 16:13.

魏莉莎：京剧海外传播的大使

魏莉莎，英文京剧开创者、戏剧学家，喜爱中国文化艺术，致力于国际文化交流。她将英文京剧表演搬上西方舞台，开风气之先。曾任美国夏威夷大学戏剧舞蹈系教授、亚洲戏曲部主任。曾翻译编导《凤还巢》《玉堂春》《沙家浜》《四郎探母》《秦香莲》《铡美案》等全本英语京剧。

一、魏丽莎简介

1951年，魏莉莎（Elizabeth Wichmann，1951—   ）出生于美国堪萨斯州威奇托城。8岁时，她父亲到缅甸政府工作，她随家人在缅甸生活了两年。她接触了东方戏剧和文化。大学时期，她主修戏剧与汉语。1971年，魏莉莎到夏威夷大学戏剧系攻读硕士学位。1979年，中美关系缓和，魏莉莎成为美国第一批来华留学生，到南京大学学习汉语和中国戏剧。魏莉莎曾到江苏省京剧院观摩、旁听有关课程，与京剧演员一起练功、排演。她拜著名艺术家、戏剧大师梅兰芳的嫡传弟子沈小梅为师。在沈小梅的悉心指导下，魏莉莎开始排练梅派名剧《贵妃醉酒》。1980年，魏莉莎在南京大学礼堂公演《贵妃醉酒》,因扮相俊美、唱腔圆润,被人们亲切地称为"洋贵妃",也是最早在中国演出戏曲的外国人。1980年,中美关系刚刚开始正常化,魏莉莎的《贵妃醉酒》,可以说开启了两国真正的文化交流。[1]

二、把京剧搬上美国舞台

在中国期间,魏莉莎深入研究了中国京剧,尤其是京剧的音乐、唱腔、念白。1981年回国后,她出版了专著《论京剧的听觉艺术》(Listening to Theatre: The Aural Dimension of Beijing Opera)。她研究京剧、唱京剧,旨在研究其学术价值和美学价值。她认为京剧中包括历史、文学、语言学等知识,其表现手法最引人注目,其独特的艺术手法是西方所没有的。她研究京剧旨在让西方人深入了解京剧、东方艺术特点,促进东西方文化交流。[2]她萌发了用英语演唱京剧的构想,要把中国京剧搬上美国舞台。

中国是世界四大文明古国之一,但是西方并不了解中国传统音乐和文化。一个很重要的原因是语言隔阂,中华民族音乐的很多基础概念和术语很难找到对应的英文词汇。如果想用英语演唱京剧,既需要精通英文,又要准确理解京剧的概念和术语。为了使英语唱词押韵、演员气口相宜,她适当浓缩和修改了唱词,把某些英语音节巧妙地安排到拖腔中。念白是戏曲中表现人物个性和调节舞台气氛的艺术手段,一些中文念白,如果照文直译,英文就不谐音,她便创造性地改译为谐音而又与原文意思相仿的英语,同样能引来美国观众的哄堂笑声,收到很好的效果。[3]她用英语演唱京剧,让学生学习和掌握京剧的表现手法,帮助他们理解中国戏曲的美学原则。1985年2月,魏莉莎翻译并导演了第一部英语版京剧《凤还巢》,在夏威夷大学成功上演。魏莉莎成为第一个把中国京剧移植到大洋彼岸的美国人。

魏莉莎又先后翻译并导演了《玉堂春》(Yu Tang Chun)、《沙家浜》(Shajiabang)、《四郎探母》(Silang Visits His Mother)等,在夏威夷大学肯尼迪剧院上演。她还带领剧组先后到北京、西安、上海、南京等地巡回演出,受到中国观众的热烈欢迎。在排演英文京剧中,魏莉莎得到了中国京剧艺术家们的大力支持。魏莉莎曾多次到华访问学习。她研究和传播京剧,是中国戏曲学会聘名誉会员。2002年,魏莉莎指出:"她每隔几年翻译、排演一场中国传统京剧,旨在让学生通过演出研究京剧的美学和舞台艺术,推进中国京剧国际化,把京剧台词译成英文旨在让更多人接触并接受京剧,让中国国粹更快地走向世界。"[4]用英语演唱京剧有助于外国人理解、欣赏和接受京剧,推动京剧的海外传播。

三、致力于推动中美文化交流

魏莉莎认为:"京剧不仅是一个民族的艺术,也是跨越国际的艺术,京剧和芭蕾、欧洲歌剧一样,应该被世界接受和欣赏。"[5]魏莉莎一直致力于把中国京剧搬上美国舞台,让更多的美国观众了解和欣赏京剧,推动中美文化交流。为了把传统戏《秦香莲》(The Case of Judge Bao and Qin Xianglian)搬上美国舞台,2000年起,魏莉莎开始翻译剧本。2001年8月,她开始组织学生排戏,剧组共五十八名人员,其中十一名来自日本、韩国、印度等国家的留学生,其余全是美国人。经过半年的刻苦排练,2002年2月该剧在美国夏威夷正式公演。5月25日,她带领剧组到南京演出。时任南京大学校长蒋树声高度赞扬了校友魏莉莎为推进中美文化交流所作的努力,认为英语京剧《秦香莲》是"上世纪在南大校园盛开的花朵结在异乡的硕果"[6]。

2002年起,她历经十多年翻译并导演了《杨门女将》(Women Generals of the Yang Family)、《白蛇传》(The White Snake)、《穆桂英》(Mu Guiying Takes Command),在夏威夷大学肯尼迪剧院上演。 魏莉莎翻译和执导系列英文京剧作品,其意义不仅在于西方的戏剧舞台上终于出现了用英文演出的、完全保留了中国戏曲艺术特征的作品;还在于受过她以中国戏曲的方式训练的学生,也已经把中国戏曲的艺术精神和表现手法,运用到他们的艺术实践中去了。[7]例如,新加坡国立大学英文系戏剧沈广仁翻译和导演了《救风尘》(Freed by a Flirt)和《西厢记》(The West Wing)等。在魏莉莎的影响下,更多京剧作品被翻译和在其他国家上演,推动了中国与美国及其他国家的文化交流。魏莉莎还潜心研究中国戏剧大师梅兰芳、曹禺、老舍等人的戏剧理论,结合自己的实践,在中国和美国学术刊物上发表关于京剧的文章。魏莉莎指出:"推动中美文化交流是我毕生的事业,我将永远这样做下去。"[8]

四、结语

从中国传统戏曲艺术的爱好者到京剧研究者、京剧英译者、京剧舞台表演者,从培养国外学生表演京剧,再到不断研究、总结和思考京剧,魏莉莎走过了她大半生的京剧生涯,体现出一个外国人对中国文化的热爱和执着追求。她是中国京剧极其难得的海外知己,"其成就在于传播以京剧为代表的中国戏曲"[9]。她的愿望是帮助京剧成为一种生机勃勃、不断发展的艺术形式和跨国界的中国文化的化身。她一直在为实现她的愿望而努力,翻译、导演京剧作品,不断深入研究,以便更好地展现京剧艺术本身的艺术价值并为国外观众所理解和接受。在魏莉莎的努力下,中国京剧以英语为表演语言登上了国内外舞台,这门极富中国传统文化特色的艺术走进了西方观众的欣赏视野,推动了中美文化的交流。

参考文献

[1]孙玫:《艺术家型的学者,学者型的艺术家——小记夏威夷大学戏剧暨舞蹈系主任魏莉莎教授》,《戏曲艺术》,2000年第2期。

[2]王东明:《艺术是没有国界的》,《当代戏剧》,1986年第2期。

[3]李绪元、刘佳:《"洋贵妃"的中国情结》,《华人时刊》,2002年第7期。

[4]李绪元、刘佳:《"洋贵妃"的中国情结》,《华人时刊》,2002年第7期。

[5]李洁:《不觉来到百花亭——魏莉莎的京剧英译实践和京剧英译观》,《东方翻译》,2013年第1期。

[6]李绪元、刘佳:《"洋贵妃"的中国情结》,《华人时刊》,2002年第7期。

[7]孙玫、熊贤关:《接触·碰撞·融合——中国戏曲在西方的传播》,《艺术百家》,2016年第1期。

[8]耿红梅:《"洋贵妃"的京剧声音天地——〈听戏:京剧的声音天地〉评介》,《人民音乐》,2008年第10期。

[9]熊贤关:《跨文化戏曲翻译:交流、转化与回应》,《外国语文研究》,2015年第4期。

季北慈：中国问题研究专家

　　20世纪90年代以来美国的中国研究进入了快速发展阶段，其研究不再局限于中国古代汉学等传统汉学，而是更多关注中国对外关系及中国内部政治、经济变化等。季北慈曾担任布鲁金斯学会东北亚政策研究中心的主任，主要研究中国军事、安全问题和中国艾滋病防治问题，促进了中美文化交流。

一、季北慈简介

　　季北慈（Bates Gill，1959—　），美国著名汉学家，世界知名中国军事、安全问题专家。1991年，季北慈在弗吉尼亚大学夏洛茨维尔分校获外交学博士学位。他的博士论文研究了中国武器转让与中国外交政策的关系，此后他开始从事中国问题研究。季北慈具有三十年国际教育生涯，发表了一百多篇关于中国和世界各地安全问题的文章。他目前是麦格理大学安全研究系和澳大利亚国立大学战略与国研中心的教授。1993—1997年，他在加利福尼亚州蒙特里研究所防扩散研究中心担任东亚方案主任。1998—2002

年,他在华盛顿特区布鲁金斯学会担任外交政策研究高级研究员和东北亚政策中心主任。2002年,他在华盛顿特区的美国战略与国际研究中心担任费和中国研究讲座主任。2007—2012年,他担任斯德哥尔摩国际和平研究所所长,成为第一位担任此职的美国人。2012—2015年,他担任悉尼大学美国研究中心首席执行官。他还曾在南京大学—约翰·霍普金斯大学中美研究中心开展费一明比较政治学讲座。2013年,他获得北极星司令皇家勋章,这是外国人在瑞典的最高骑士勋章。其主要著作有:《亚洲的新多边主义:竞争、合作与共同体追求》《崛起之星:中国的新安全外交》及《中国:资产负债表——了解这个新兴超级大国》等。

二、季北慈关于中国问题的研究

(一)美国中国问题研究发展简述

一般意义上讲,海外中国研究可以分为中国学和汉学。中国学又可称为中国问题研究或中国研究,与传统意义上的汉学研究有着明显的区别。"中国问题研究是建立在汉学的基础之上,是海外对中国的政治、经济、社会、科技、国际关系等领域的全方位研究和探讨,其学科属性是社会科学研究。"[1]虽然中国问题研究相对传统汉学研究来说在美国发展时间较短,但是中国问题研究近年来发展势头迅猛,研究规模不断扩大,研究成果丰硕,代表人物有:季北慈、沈大伟、大卫·兰普顿、金骏远等。结合当代中国研究的理论导向、研究方法、合作状况和参与者的背景等因素,中国问题研究可分为四个时期:奠基时期(20世纪五六十年代)、确立时期(20世纪70年代)、发展时期(20世纪80年代)和繁荣时期(20世纪90年代至今)。[2]美国真正意义上形成规模的当代中国研究始于20世纪50年代末,其中1959年当代中国联合委员会(Joint Committee on Contemporary China, JCCC)的成立是重大标志。[3]此机构为美国的中国研究提供了组织和资金，让中国研究步入正轨。随着中美合作交流不断深入，中国经济实力、综合国力以及在世界大舞台上扮演的角色越来越重要，研究中国问题已然是美国必不可少的课题，美国的中国问题研究日益发展壮大，大有成为美国国际问题研究的"显学"之势。不仅如此，中国也设立了中美学者联合研究项目，最具代表性的有南京大学—霍普金斯大学中美文化研究中心和复旦-加州大学当代中国研究中心等。这不仅为中美两国相关学者提供了相互了解和交流的学术平台，还促进当代中国问题研究走向更高层次和水平。与此同时，一批优秀的中国问题研究专家涌现出来，季北慈则是其优秀的代表。

（二）中国军事问题研究

季北慈一直致力于研究中国军事、外交政策，希望帮助政策制定者和公众更好地了解中国在世界中日益重要的作用。他的博士论文《龙之火：中国安全政策中的武器转让》讨论了中国武器转让与中国外交政策的关系。他出版了多部关于中国军事政策的专著。其中一本书是与当时韩国国防分析研究所的一名高级中国分析师金太昊（音译，Taeho Kim）合作撰写，书名为《中国从海外收购武器：寻求"超级秘密武器"》(*China's Arms Acquisitions from Abroad：A Quest for 'Superb and Secret Weapons'*，牛津大学出版社，1995年）。该书结合统计数据分析了中国武器进口政策，研究了这一政策对东亚地区安全问题的影响。当时，关于中国军事现代化的信息资料并不多，季北慈全面介绍了中国军事，对世界了解中国具有重要意义。1992年，季北慈出版了《中国武器转让：新世界秩序的目的、模式与前景》(*Chinese Arms Transfers：Purposes, Patterns, and Prospects in the New World Order*，康涅狄格州韦斯特波特和伦敦：普雷格出版社）。该书弥补了那些探讨中国作为主要军火商的影响力的作品的不足，为研究中国军事的学者提供了详细的信息，让一般读者更容易了解这一主题。季北慈全面概述了1950—1990年间中国主要武器转让,将中国武器出口置于国际背景之下,讨论了中国向中东、南亚和东南亚转移的主要武器。他试图预测中国军火贸易的未来趋势,分析中国迅速进入世界武器市场的原因、中国在全球军备控制或扩散方面的影响、新世界秩序对中国武器转让的影响以及对国际安全的影响。他认为,武器出口的经济动机——产生外汇固然重要,但并不能充分解释中国出口武器的动机,应该从政治和安全动机视角看待中国的武器出口。有些学者不同意季北慈的观点,但是他在缺少相关中国军备数据的条件下,在全球化背景下分析中国武器贸易和中国与其他武器出口国的共性以及独特之处,为中国武器转让研究做出了重大贡献,推动了美国有关中国对外军售研究的发展,促进了中美学术交流。

(三)中国安全外交政策研究

除了对中国军事政策的研究,季北慈对中国安全外交政策的研究也走在了学术前沿。2007年,季北慈将他在中国当代国际安全政策方面的专业知识应用于中国外交和安全政策的研究中,出版了专著《崛起之星:中国的新安全外交》。该书包括七章,从三方面阐述了他对中国安全外交的理解:中国积极参与地区安全机制,如东盟地区论坛和上海合作组织;推进反扩散和军控的制度建设;高度重视主权,反对外部干预。第一章解释了本书的目的和范围,评价了中国的"新安全外交"。季北慈指出自20世纪90年代中期以来,这种新的中国外交已经出现,中国的政策和行动越来越符合国际规范,反映了中国对区域和全球安全事务的更主动、更实际、更具建设性的方法。第二、三、四章介绍新的安全外交如何反映在中国对地区安全机制的措施、防扩散和军备控制以及主权和干预中。第五、六章详细论述了中国新安全外交对美国利益和对华政策的实际及潜在影响:第五章详细介绍了美国政府面临的中国新安全外交所构成或可能构成的挑战；第六章讨论了中国外交政策为美国政策和利益带来的机会，以及美国应该采取的举措。他认为，美国政府应该采取一系列举措广泛接触中国。第七章展望了中国新安全外交政策的前景。此书以大量作品为基础，以更加详细的政策为导向，展望了中国在地区和全球安全政策的影响和意义。总的来说，"这是一本学术性、平衡性和深度研究的书，为理解中国的战略以及新的安全外交如何在实践中发挥作用做出了重要贡献"[4]。

（四）中国国民健康问题研究

"国民良好的身心状态是展现一个国家'软实力'的重要标志，并在持续推进经济、社会的协调发展中发挥重要的作用。"[5] 改革开放以来，中国的经济实力极大增强，但是季北慈认为"迄今为止，人们还是侧重于用经济损失衡量环境恶化的影响，而污染对人们健康的影响却没有得到应有的关注。日益严重的环境污染显然威胁到了国民的健康，但是，由于多年的疏忽、缺乏政治层面的关注及研究资源不足，中国关于环境污染对健康的真实影响以及环境和健康之间的量化关系的数据和研究成果极其有限"[6]。季北慈与吕筱青合写了《评估中国对环境健康挑战的应对》，叙述了中国目前日益严重的污染问题和越来越多的环境健康问题，比如空气污染对肺部健康的影响、水污染造成身体中毒等，详细分析了中国应对环境导致的健康问题的举措。季北慈认为中国政府部门之间在环境健康问题上的协调不够，缺乏非政府组织和公众的参与。季北慈还对中国处理环境健康挑战给出了如下建议：增加透明度和问责制，跨机构合作和环境治理机制，扩大决策中的公众参与，迈向国际合作。季北慈对中国环境健康问题的研究促进了中美在解决环境健康问题领域的合作交流，对中国解决环境健康问题挑战具有启示和借鉴意义。

　　季北慈还研究了中国的艾滋病,为中国艾滋病现状研究做出了重要贡献。艾滋病是一种较为严重的具有传染性的疾病,主要通过母婴传播、性行为传播等,目前全球还没有能够有效治疗此病的方法。如何预防和控制艾滋病一直是全球性难题,中国艾滋病的患病情况不容乐观。季北慈与另两位学者撰写了《中国的艾滋病危机》一文。文中分析了艾滋病在中国传播的原因。他认为,中国从乡村迁移到城市寻找工作的流动人群不能得到完善的医疗服务,并且可能精神压力较大,"绝望、身居异乡再加上经济困难是许多人转向吸毒的原因"[7]。性产业以及异性恋人口中未经保护的性活动也是造成病毒传播增长的最重要原因之一。此外,中国传统保守观念导致艾滋病知识教育活动普及不够,也是导致中国艾滋病危机的主要因素。季北慈还为中国战胜艾滋病危机提出了建议。他认为中国抵抗艾滋病需要"加强教育、改进医疗服务和加强政府的监测能力"[8]。一定程度上讲,季北慈的研究有助于中国对监控防治艾滋病的研究,推动中美在艾滋病问题上的合作交流。

三、结语

　　季北慈为美国了解中国军事、安全外交政策、中国环境健康和艾滋病问题做出了重要贡献,加深了美国对中国的全面认识和深入了解,有利于中美互动交流和互利合作。然而由于数据收集不充足,以及他始终是作为一个"他者"研究中国问题,他的研究具有一定局限性。但是季北慈的研究为中国的发展提供了很多可鉴之处,促进了中美的互动合作交流。

参考文献

[1]张春满、何飞：《美国的中国问题研究：历史、方法和前景》，《当代中国政治研究报告》，2017年，第221~231页。

[2]周晓虹：《当代中国研究的历史与现状》，《南京大学学报》（哲学·人文科学·社会科学版），2002年第3期。

[3]袁鹏：《美国的当代中国研究：历史与现状（上）》，《国际资料信息》，2003年第5期。

[4]Harris, Stuart, Rising Star: China's New Security Diplomacy, *The China Journal*, 60 (2008), pp.154-55.

[5]杜丽娜、王长青：《浅议中国国民健康与国家"软实力"》，《南京医科大学学报》（社会科学版），2011年第3期。

[6]刘化军、李磊：《评估中国对环境健康挑战的应对》，《国外理论动态》，2009年第3期。

[7][美]季北慈、詹尼弗·张、撒拉·帕尔玛、李冬莉：《中国的艾滋病危机》，《广西民族学院学报》（哲学社会科学版），2005年第2期。

[8][美]季北慈、詹尼弗·张、撒拉·帕尔玛、李冬莉：《中国的艾滋病危机》，《广西民族学院学报》（哲学社会科学版），2005年第2期。

安靖如：儒学思想的海外传播者

中美建交以来，两国文化交流日益加深，越来越多的美国学者对儒学产生了浓厚兴趣，安靖如便是其中之一。他长期研究中国哲学、现代中国思想和儒学传统，向海外介绍中国政治、经济、社会和文化，促进了中华文化的海外传播，为美国汉学和中美关系的发展做出了重要贡献。

一、安靖如简介

安靖如(Stephen Angle, 1964—)，美国著名汉学家。他精通汉语，多次访问中国，深谙中国文化，了解中国的发展和各地风土人情，是个名副其实的"中国通"。他主要研究中国哲学、儒学、宋明理学、政治哲学、伦理学与比较哲学等。他先后出版了《人权与中国思想：一种跨文化的探索》(*Human Rights and Chinese Thought：A Cross-Cultural Inquiry*)、《圣境：宋明理学的现代意义》(*Sagehood：The Contemporary Significance of Neo-Confucian Philosophy*)和《当代儒家政治哲学：进步儒学发凡》(*Contemporary Confucian Political Philosophy：Toward Progressive Confucianism*)等。

安靖如在耶鲁大学首次接触东亚研究，开始了解中国。1986年，他第一次来到中国，深深着迷于中国文化。本科期间，他曾师从孟旦、史景迁、余英时等知名学者。余英时对中国思想、政治与文化史的深刻见解深深影响了安靖如的汉学研究。余英时的《中国思想传统的现代诠释》《中国近世宗教伦理与商人精神》《朱熹的历史世界》《史学与传统》等著作影响了他在宋明理学领域的研究。1987年，他获耶鲁大学东亚研究学士学位。1994年，他获密歇根大学哲学博士学位，后到美国卫斯理安大学哲学系任教至今。

二、在美开设宋明理学课程，传播中国文化

20世纪90年代，美国汉学界关注孔子、孟子和老子等中国古典哲学家，很少研究宋明理学，极少教授开设宋明理学课程。安靖如大学时已经关注宋明理学。他推崇王阳明"知行合一"的理念，认为宋明理学并非抽象的、过时的哲学概念，而是与生活密切相关的哲学理念。他在卫斯理安大学开设了宋明理学课程，向美国学生讲授朱熹和王阳明的思想。他是最早在美国大学中开设这类课程的教授之一。

当时，美国学生熟悉和了解老子和孔子，对朱熹和王阳明知之甚少。精心准备的课程可能面临无人问津的局面。卫斯理安大学奉行自由与开放的教学理念，不少学生都对这门新课程充满了好奇。安靖如认为，中国古典哲学对现代有一定指导意义，他向学生讲授宋明理学中的"知行合一"的理念。安靖如分析了"圣""理""德"与"和"等宋明理学的核心概念，向美国学生普及了宋明理学的基本思想。他进一步阐述了宋明理学中道德心理学、积极道德认知等理论，重点解释了这些概念与实际生活的密切联系，向学生解释这些思想如何影响实际生活，做到"知行合一"。

安靖如没有拘泥于理论研究，他还践行"知行合一"理念，以实际行动影

响美国学子。安靖如强调多元、开放和客观的研究态度,在教学实践中体现"知"。美国学生了解了"圣""理""德"与"和"等宋明理学的核心思想,认识到了中国文化和中国古典哲学的魅力,明白了"知行合一"思想对现代生活的指导意义。此外,安靖如让学生真实感受到了"知行合一",激发了他们的学术热情。

三、来华访问,加强中西方学术对话

安靖如精通汉语,熟悉中国文化,曾多次访问中国。2017年,他参加了"东方文化研究计划"学者访华项目,向中国介绍了"进步儒学"思想。他曾在浙江大学举办学术讲座,与章雪富、彭国翔和方志伟等学者和学生交流,解释了"进步儒学"的核心思想,了解中国儒学的研究动向。从儒学发展史来看,传统儒学源于春秋鲁国文化,在与春秋百家思想交流中不断丰富,逐渐演变成全国性学说。汉代以后,儒学与其他传统的交流催生了宋明理学。在现代,儒学与西方哲学思想不断融合,发展成现代新儒学。儒学的发展是一个不断交流、融合、进步的过程。"进步儒学"思想与中西方文化交流密切相关,是东西方儒学交流和碰撞的产物,它吸收了中国传统儒学思想和西方自由主义哲学传统的精髓。"进步儒学"具有全球性、进步性,适应了时代需求,对现代生活具有指导意义。

他对儒学持有开放包容的态度,并强调"进步儒学"不是强烈的政治主张,而是对传统儒学和现代儒学中"法律、个人权利、政治参与的强调以及对压迫的批评、对礼仪的反思"[1]。他强烈反对用"进步儒学"取代当下任何一种意识形态。他认为,文化多元是现代社会的基本事实,"进步儒学"不是普世思想价值体系,而是多元文化思想的一部分。"进步儒学"始终与其他儒学思想交流与对话,强调多元、开放包容的文化环境,这也就是安靖如所说的"进步"。中国学者彭国翔认为，安靖如所解释的"进步"（progressive）一词与中国儒家经典《大学》中所提到的"苟日新，日日新，又日新"不谋而合。[2]

四、出版专著，传播中华文化

安靖如的著作有《人权与中国思想：一种跨文化的探索》《圣境：宋明理学的现代意义》和《当代儒家政治哲学：进步儒学发凡》等。在《人权与中国思想：一种跨文化的探索》中，他从中国文化视角理解中国特色人权话语，摈弃了传统西方中心论和西方批评态度，重新审视了中国文化。他认为："跨文化的权利话语对话是一个动态和复杂的过程，只有具有各自独特权利话语的中西方国家都对此持开放态度，权利对话才能成为跨越彼此观念隔阂的桥梁。"[3]他解释了中国特色人权观念。首先，他承认中国人权话语体系不同于西方，其差异源于东西方对"权利"的不同解读。中国特色人权观重视经济权利、社会权利，强调人格独立、明显的功利主义倾向，这些观念受到中国传统儒家思想与现代环境的影响。换言之，中国特色人权观秉承了儒家传统观念，适应了现代发展要求。其次，中国特色人权观念受到西方影响。他认为："中国的权利话语从来没有与其他不断发展的权利话语传统相隔绝。相反，它与这些传统进行了持续的接触并在对它们进行解释的同时从中吸取了大量适合中国的各种养分。"[4]因此，西方学者应以开放包容的态度理解、尊重中国特色人权观念。他的主张有助于消除西方学术偏见，促进东西方文化交流。

在《圣境：宋明理学的现代意义》中，安靖如结合朱熹、王阳明的核心思想，分析了中国传统儒学中的"圣""理""德"和"和"等关键概念，从伦理学、心理学、教育学、政治学等学科视角阐释了宋明理学的当代意义。他结合二程、朱熹、王阳明、戴震等学者观点，"以建立一种能够成功呼应当代英美德行伦理学的哲学叙述"[5]。这种"中西结合"的方式有助于向海内外读者介绍宋明理学,传播中国古典哲学思想。

《当代儒家政治哲学:进步儒学发凡》深入探讨了文化交融背景下诞生的"进步哲学"。他摒弃了西方中心主义,以开放包容的态度审视中国儒学思想,解读了现代儒学思想,认为儒学是"进步的"。安靖如不仅深谙中国儒学思想,还深刻了解西方自由主义哲学传统。比较了两种哲学后,他认为"进步儒学"是"有根基的全球哲学",进步儒学与全球文化交融密切相关,融合了中国传统儒学思想和西方自由主义思想的精髓,但又不同于两种思想。"进步儒学"是世界儒学的新发展,促进了海内外儒学研究的发展和中国文化的海外传播。

五、进步儒学——中国崛起背景下的儒学新解

近代中国经历了洋务运动、戊戌变法、辛亥革命、新文化运动、五四运动、新中国成立,传统儒学的命运也随之改变。有识之士曾向西方寻求"民主与科学"。五四运动时期,国内有全盘西化的说法,"文革"时期,有人提倡全盘否定儒学思想。近年来,国家倡导文化自信,推崇中华传统文化。随着社会的发展,儒家文化对中国社会、政治制度、民族精神等产生了深远影响,儒学思想的现当代应用已成为不可忽视的议题。安靖如积极探寻传统儒学在新时代背景下焕发的生机。《当代儒家政治哲学:进步儒学发凡》讨论了新儒家政治哲学,提出了"进步儒学"观,开辟了儒学研究的新视角。

安靖如致力于儒家传统和当代西方哲学的对话,促进东西方学术交流。基于对东西方哲学的深刻理解,他首先解释了"进步儒学"的含义,为20世纪以来新儒家思潮注入了新活力。他曾说:"英文的'进步'(progressive)一词具有很强的社会、政治和道德内涵,中文的'进步'主要指经济上的发展。"[6]

他从两方面解释了"进步"一词的含义:"广义来讲,是不满足于现实和平庸,追求理想、超越现实从而不断进步;狭义来讲,是指个人和社会在道德与政治上的进步。"[7]安靖如所说的"进步"不同于朱熹"凡事须学,方能进步"中对"进步"的传统定义。[8]这是一个混杂着近现代以来"政治学、社会革命、意识形态等复杂语境所生成的现代概念,因而是一个可以与自由主义、马克思主义对话和共享的概念"[9]。安靖如从权威、法治、人权、礼、反抗精神、社会压迫等方面阐述了"进步儒学"的具体内容,重新解读了儒学。在他看来,儒学是一种生活方式。儒学并非一成不变,而是动态的、时刻发展着的。儒学研究不能停留在理论层次,要积极运用于实际生活。他独特的观点为海内外儒学研究提供了新方向。

安靖如以开放、多元和客观的视角审视传统儒学,深刻理解了儒学思想。安靖如认为进步儒学是"有根基的全球哲学","意味着在一种特定的有生命的哲学传统中研究哲学,因此它是有根基的,它以开放的态度对待其他哲学传统,所以又具有全球化的性质"。[10]他进一步探讨了儒学思想与西方自由主义传统融合,提到儒学与西方自由主义价值观、制度体系的差异。"进步儒学"思想既有儒家学者的现实关怀,又融入了西方自由主义思想。

六、结语

1986年以来,安靖如多次访问中国,长期研究中国问题,是一个名副其实的"中国通",搭建了中美文化交流的桥梁。他在美国大学中开创了宋明理学教育的先河,影响了新一代美国学者,在美国传播了中国哲学知识。安靖如从跨文化视角深入研究了传统儒学、宋明理学、中国人权、法治和民主等观念。他提出了"进步儒学"理论,为全球儒学做出了重要贡献。安靖如启示我们要摒弃中国传统文化中根深蒂固的思想偏见,从多元、客观的视角对待中国传统文化,建立真正的"文化自信"。在研究传统文化时,我们要立足当下,取其精华去其糟粕,继承中国特色的优良传统和思想文化,在文化交流中让中国传统文化"走出去"。

参考文献

[1]马俊:《圣境、进步儒学与美国新儒家——安靖如的儒学研究评介》,《社会科学论坛》,2019年第1期。

[2]《大学·中庸》,中华书局,2007年,第8页。

[3][美]安靖如:《人权与中国思想:一种跨文化的探索》,黄金荣、黄斌译,中国人民大学出版社,2012年,第131页。

[4][美]安靖如:《人权与中国思想:一种跨文化的探索》,黄金荣、黄斌译,中国人民大学出版社,2012年,第196页。

[5]何乏笔、马恺之:《圣境与德行:安靖如对宋明理学的诠释研究专辑》,《中国文哲研究通讯》,2013年第23期。

[6][美]安靖如:《当代儒家政治哲学:进步儒学发凡》,韩华译,江西人民出版社,2015年,第2页。

[7]马俊:《圣境、进步儒学与美国新儒家——安靖如的儒学研究评介》,《社会科学论坛》,2019年第1期。

[8]朱熹:《朱子语类》(第2册),中华书局,1986年,第585页。

[9]马俊:《圣境、进步儒学与美国新儒家——安靖如的儒学研究评介》,《社会科学论坛》,2019年第1期。

[10][美]安靖如:《当代儒家政治哲学:进步儒学发凡》,韩华译,江西人民出版社,2015年,第16页。